STYRIA MEDIA CENTER GRAZ
ARCHITEKTUR CONSULT

JUDITH EIBLMAYR

T0364926

BIRKHÄUSER

BASEL

STYRIA
ARCHITEKTUR
CONSULT
MEDIA
CENTER
GRAZ

JUDITH EIBLMAYR

BIRKHÄUSER

BASEL

Übersetzung Deutsch → Englisch / Translation German → English:
Margot Stringer, Nieuil

Graphische Gestaltung, Umschlag und Typographie / Layout, cover design and typography:
taska.at

Umschlagphotographie / Cover photograph:
Franz Ebner, www.franzebner.at

Library of Congress Cataloging-in-Publication data
A CIP catalog record for this book has been applied
for at the Library of Congress.

Bibliographic information published by the German National Library
The German National Library lists this publication in the Deutsche
Nationalbibliografie; detailed bibliographic data are available on the Internet at http://dnb.dnb.de.

This work is subject to copyright. All rights are reserved, whether the
whole or part of the material is concerned, specifically the rights of
translation, reprinting, re-use of illustrations, recitation, broadcasting,
reproduction on microfilms or in other ways, and storage in databases.
For any kind of use, permission of the copyright owner must be
obtained.

This publication is also available as an e-book
(ISBN PDF 978-3-0356-0551-8; ISBN EPUB 978-3-0356-0570-9).

© 2015 Birkhäuser Verlag GmbH, Basel
P.O. Box 44, 4009 Basel, Switzerland
Part of Walter de Gruyter GmbH, Berlin/Boston

Printed on acid-free paper
produced from chlorine-free pulp.
TCF ∞

Printed in Germany

ISBN 978-3-0356-0569-3

9 8 7 6 5 4 3 2 1

www.birkhauser.com

INHALT
CONTENTS

VORWORT FOREWORD

MARKUS MAIR

Das Vorhaben der Styria Media Group, ein neues Headquarter für alle ihre steirischen Unternehmungen zu errichten, hat eine lange, durchaus spannende Vorgeschichte. Ende der 1980er Jahre waren – trotz mehrmaligen Aus- und Umbaus – die Verhältnisse am traditionellen Standort Schönaugasse 64 in Graz bereits so beengt, dass unter dem damaligen Generaldirektor Hanns Sassmann erste Überlegungen für einen Neubau an einem anderen Standort angestellt wurden.

Das nunmehr umgesetzte Bauprojekt geht in seinen Ursprüngen auf das Jahr 2005 zurück. Damals beauftragte die Styria-Gruppe unter dem Vorstandsvorsitzenden Horst Pirker die Architektur Consult ZT GmbH mit einer Standortanalyse, die im Ergebnis das ehemalige Gelände des Grazer Sportklubs in der Conrad-von-Hötzendorf-Straße als geeignet für den Neubau empfahl. Auf der Grundlage einer von Architektur-Consult erstellten Bebauungsstudie wurde von der Stadt Graz ein Bebauungsplan erlassen und im Jahr 2006 ein Architekturwettbewerb veranstaltet, an dem insgesamt acht nationale und internationale Bewerber teilnahmen. Der aus diesem Wettbewerb als Sieger hervorgegangene Entwurf des Architekturbüros Riegler Riewe musste wenig später verworfen werden, weil sich zeigte, dass die Betriebsführung unwirtschaftlich gewesen wäre und das Newsroom-Konzept, das in diesem Bauprojekt von zentraler Bedeutung ist, in der vorgeschlagenen Form nicht umgesetzt werden konnte.

Im Jahr 2007 wurde für den Bau des Styria Media Centers Graz eine eigene Projektgesellschaft gegründet, die die Liegenschaft gegenüber der Grazer Stadthalle als Bauplatz ankaufte. 2008 legte die ArchitekturConsult der beiden geschäftsführenden Gesellschafter Hermann Eisenköck und Herfried Peyker schließlich einen Entwurf für das Gebäude vor, der das Fundament für das heutige architektonische Erscheinungsbild des Styria Media Centers bildete. Als im Februar 2009 die Baubewilligung erteilt wurde, verhinderte jedoch die schwierige wirtschaftliche „Großwetterlage" die Umsetzung; das Projekt musste vorläufig sistiert werden. In weiterer Folge wurde das Vorhaben aber wieder aufgenommen und in mehreren Etappen planerisch redimensioniert – stets in enger Abstimmung zwischen Auftraggeber und Architekten. Der letzte, nun sichtbare Schritt, nämlich die Errichtung des Styria Media Centers Graz, wurde auf Seiten des Bauherrn mit dem Team der GRAWE Immo Holding AG als externer Projektleitung und der SMG Facility Management

The Styria Media Group's decision to build a new headquarters for all their Styria enterprises has a long and quite fascinating history. The construction of a new building on a different site was first considered at the end of the 1980s, under the then Chief Executive Hanns Sassmann, because, despite several extensions and renovations, conditions in the traditional head office at Schönaugasse 64 in Graz were still too cramped.

The origins of the now completed building project go back to the year 2005 when the Styria Group, under the chairmanship of Horst Pirker, appointed Architektur Consult ZT GmbH to carry out an analysis of various potential sites for the new building. They ultimately recommended the former grounds of the Graz sports club in Conrad-von-Hötzendorf-Straße as the most suitable location. Based on a scheme produced by ArchitekturConsult, the city of Graz adopted a land-use plan for the area and launched an architectural competition in 2006 in which eight national and international candidates took part. The winning design, submitted by architects Riegler Riewe, was later rejected because it would have been uneconomical to manage and the newsroom concept, which is of central importance in this project, was impractical in its proposed form.

In 2007 Styria Media Center, Graz formed its own project management company, which bought the plot opposite the Stadthalle (town hall) and, in 2008, ArchitekturConsult, run by Hermann Eisenköck and Herfried Peyker, submitted a design for the building which was the basis for the present architectural structure of the Styria Media Center. Planning permission was granted in February 2009 but the difficult economic climate prevented construction from going ahead and the project was temporarily suspended. In due course the project was resumed and both design and planning process was adapted in several smaller stages, owners and architects working in close cooperation throughout. The final, now visible phase, namely the actual erection of the Styria Media Center, Graz, was brought to fruition by the owner in collaboration with the external project management team from GRAWE Immo Holding AG and SMG Facility Management GmbH who were responsible for internal project management. In January 2013 a general contractor, Porr AG, was appointed to complete the project, and did so within the ambitious construction schedule, handing over the building ready to use on 19th December 2014.

GmbH als interner Projektleitung realisiert. Im Januar 2013 konnte mit der Porr AG ein Generalunternehmer gewonnen werden, der den ambitionierten Bauzeitplan fokussiert abarbeitete und mit der Übergabe der schlüsselfertigen Immobilie am 19. Dezember 2014 souverän einhielt.

Die Zusammenarbeit zwischen dem Auftraggeber und den verantwortlichen Architekten Herfried Peyker und Martin Priehse verlief in allen Phasen des Projekts zum Nutzen der Sache: bisweilen widersprüchlich, aber durchwegs konstruktiv. Das vielfältige Spannungsfeld zwischen Architektur und Wirtschaftlichkeit bot für diese ebenso kreative wie produktive Form der Kooperation genügend Spielraum. Es ist mir ein Bedürfnis, an dieser Stelle dafür zu danken, dass in den langen Jahren der Planung – mit langsamen Fortschritten und vereinzelten Rückschlägen sowie unzähligen kleineren und größeren Stolpersteinen – das Team von ArchitekturConsult nie den Glauben an die Realisierung des Baus verloren und sich dementsprechend durchsetzungsstark gezeigt hat. Symptomatisch für diese Haltung war die Reaktion auf den späten Einspruch des Fachbeirats für Baukultur Graz im Januar 2012, als die Einsprüche und Anmerkungen des Beirats von den Architekten aufgenommen und in einen für alle Beteiligten positiven Kompromiss integriert wurden. Als den primären Ansprechpartnern von ArchitekturConsult auf Seiten der Styria Media Group danke ich Ralph Hausegger, der für die finanziellen Belange dieses Großprojekts verantwortlich zeichnete, und Nikola Kasakoff, der die Hauptlast der technischen und organisatorischen Umsetzung trug. Wir sind stolz und dankbar, mit der Fertigstellung des Styria Media Centers ein großes Ziel erreicht zu haben. Nun gilt es, im und mit dem neuen Gebäude das mediale Herz für Graz, für die Steiermark, für Österreich und darüber hinaus höher schlagen zu lassen und Maßstäbe zu setzen.

MARKUS MAIR, Vorstandsvorsitzender der Styria Media Group.

The cooperation between the owner of the building and the architects, Herfried Peyker and Martin Priehse, was, despite some conflicting views, constructive throughout and conducted in the best interests of the project in all phases. The disciplines of architecture and economics are sufficiently far apart to offer sufficient leeway for this creative and productive form of cooperation. At this point, I must thank the ArchitekturConsult team who never lost their belief in the project. Progress was often slow but, during the long years of planning, they faced various individual setbacks and countless obstacles both large and small with persistence and determination, as shown by the way in which they handled a late objection raised by the Architectural Consulting Committee, Graz, in January 2012. The architects took on board the reservations and comments of the Committee and integrated them in a compromise which proved acceptable to all parties. As the primary contacts at Styria Media Group with ArchitekturConsult, I should like to thank Ralph Hausegger, responsible for the financial aspects of this major project, and Nikola Kasakoff to whom fell the main technical and organisational burden. The completion of the Styria Media Center represents a major achievement of which we are both proud and grateful. Now we must work in and with the new building to set new standards and keep the media heart of Graz, Styria and Austria beating.

MARKUS MAIR, Chairman of the Board of the Styria Media Group.

NEWS.ROOM.TO MOVE

EIN ERWARTUNGSBERICHT
A REPORT ON EXPECTATIONS

WALTER TITZ

Die neue Styria-Zentrale darf architektonisch und städteplanerisch ein Meilenstein genannt werden. Sie setzt ein markantes Zeichen im urbanen Weichbild, in Jakomini, einem Grazer Stadtteil mit erheblichem Potenzial. Tatsächlich ist sie ein beeindruckendes Flaggschiff, das Segel in Richtung Zukunft gesetzt hat.

In journalistischer Hinsicht hat diese Zukunft einen Namen: Newsroom. Er ist das Herz des Baukörpers. Als multimediale Plattform soll er allen publizistischen Anforderungen des 21. Jahrhunderts gerecht werden, von hier aus gilt es die unterschiedlichsten Gefäße mit Nachrichten und Geschichten zu füllen. In Echtzeit, womöglich schneller. Das ist die Herausforderung.

Die Realität sieht naturgemäß etwas anders aus. Die Erwartungen sind — positiv formuliert — gemischter Natur. De facto gibt es große Ängste, die im Begriff „Legebatterie" pointierten Ausdruck gefunden haben. Man muss es sagen: Das Gros der Schreibenden hat wenig Sehnsucht nach dem neuen Raum, dessen Plan mit seinen Schreibtisch-Rosetten zwar graphisch außerordentlich hübsch war, aber weder zur Stimmungsaufhellung beiträgt noch den Verdacht nicht artgerechter Haltung entkräftet. Nicht zuletzt minimieren Berichte von Kolleginnen und Kollegen, die bereits Erfahrungen mit einem Newsroom haben, die Lust an der neuen schönen Arbeitswelt.

Aber Journalisten wären keine Journalisten, wären sie nicht von einem Motor namens Neu-Gier getrieben. Und diese Neu-Gier schließt Newsrooms nicht aus (wäre ja auch paradox). Weshalb die Erwartungen nicht nur gemischt, sondern auch groß sind. Denn allen ist klar, dass die mediale Zukunft anders aussehen wird als die mediale Vergangenheit, anders als die mediale Gegenwart.

Was sind nun die Erwartungen? Im Grunde ziemlich simpel. Hinkünftig bietet der Newsroom: Platz für konzentriertes und kreatives Arbeiten (das eine bedingt das andere); ein in jeder Hinsicht gutes Klima; die Möglichkeit sinnvoller kommunikativer Vernetzung, in welcher der Ideen- und Gedankenaustausch nicht Selbstzweck, sondern zielgerichtetes Instrument für die Optimierung von Inhalten ist; ein Umfeld, in dem die Tugend der (friedlichen) „flexible response" herrscht und nicht vermeintlich die Produktivität fördernde, bürokratische

The new Styria Media Center may be called a milestone in terms of both architecture and town planning, providing a prominent symbol in the urban environment of Jakomini, a district of Graz with considerable potential. The Center really is an impressive flagship, sailing into the future.

In journalistic terms, this future has a name: newsroom. It is the beating heart of the building: a multi-media platform which should fulfil all the publishing requirements of the 21st century. From here news and stories will flow into the widest possible variety of media formats – in real time and even faster whenever possible.

The reality is, of course, rather different. To take a positive slant, expectations are mixed. There are, in fact, serious concerns which have found expression in the epithet "battery henhouse". It must be said that most writers dislike this type of new space. Graphically, the layout with its workstations in rosette-formation looks extremely attractive but it does little to lift the mood nor does it allay any misgivings as to the suitability of this unnatural environment – especially as those colleagues who already have newsroom experience, show little enthusiasm for this new, beautiful working milieu.

But journalists wouldn't be journalists if they weren't driven by curiosity. And this curiosity doesn't exclude newsrooms (that would be paradoxical). For this reason, expectations, though mixed, are also high because it's clear to everyone that the future of media will look very different from the past and the present.

So what are these expectations? They are basically very simple. Henceforth, the newsroom will offer space for concentrated and creative work (one determines the other); a good climate in every sense; the potential for meaningful, communicative networking, in which the exchange of ideas and thoughts is not an end in itself but a target-focused means for optimising content; an environment in which the virtue of the (calm) "flexible response" will rule rather than the usual bureaucratic behaviour guidelines alleged to promote productivity. In short: the conditions to promote high-quality journalism rather than the manic production and distribution of unconsidered "news".

There's a famous song by British blues giant John Mayall. Its title, "Room to Move", captures what our newsroom can of-

Handlungsanweisungen das Maß der Dinge sind; kurzum: die Voraussetzungen um journalistische Qualität zu befördern und nicht die Hysterie unreflektierter „News"-Herstellung und -Distribution.

Es gibt einen berühmten Song von John Mayall, der schon im Titel „Room to Move" auf den Punkt bringt, was ein, dieser, unser Newsroom können sollte. Im Text präzisiert der britische Blues-Gigant: „'Cause I can't give the best / Unless I got room to move." Anders ausgedrückt: Was der Newsroom schaffen soll, ist Bewegungsraum für einen Freiland-Journalismus mit Bodenhaftung. Dann wird ihn niemand mehr „Legebatterie" nennen. Das Potenzial ist in jeder Hinsicht vorhanden. Erfahrungsbericht folgt.

WALTER TITZ, Kulturredakteur der „Kleinen Zeitung".

fer, and its lyrics are equally pertinent: "Cause I can't give the best / Unless I got room to move." In other words, the newsroom should create room to move for down-to-earth, free-range journalism. Then there will be no more talk about a "battery henhouse". The potential is there in every respect. A report on experiences follows.

WALTER TITZ, Cultural Editor of the "Kleine Zeitung".

Ein neues Tor zur Stadt Graz.
Der Büroturm des Styria Media
Centers bildet den städtebaulichen
Gegenpart zum weit ausladenden
Vordach der Stadthalle.

A new gateway to the city of Graz.
The office tower of the Styria Media
Center provides an architectural
counterpart to the broad,
cantilevered canopy roof of the
Stadthalle.

NEUER RAUM FÜR URBANEN MEHRWERT

A NEW, ENHANCED URBAN SPACE

JUDITH EIBLMAYR

DAS JAKOMINIVIERTEL ALS BEWÄHRTER STANDORT DES STYRIA-VERLAGS

Als die Vorstände der Styria Media Group den Beschluss fassten, in Graz ein neues Gebäude als Firmensitz zu errichten, wurde klar formuliert, dass man sich als zweitgrößter Medienkonzern in Österreich einen selbstbewussten architektonischen Auftritt verschaffen möchte. Formal bedeutete dies die Implementierung eines neuen Hochhauses in Graz, gleichzeitig war es metaphorisch eine stimmige Absichtserklärung, in die stark in Veränderung begriffene Medienlandschaft eine „landmark" zu setzen.

Seit dem Jahr 1902 ist der Styria-Verlag in der Schönaugasse im Grazer Stadtteil Jakomini ansässig – seit 1904 wird dort die „Kleine Zeitung" produziert – und so ist es im Sinne einer wohl verinnerlichten Firmentradition eine glückliche Fügung gewesen, dass man in unmittelbarer Nähe das neue Gebäude errichten konnte. Die ArchitekturConsult in Graz, hier federführend die Architekten Hermann Eisenköck und Herfried Peyker, war im Jahr 2005 beauftragt worden, mehrere neue Standorte in Graz für die Styria Media Group zu prüfen, die realistische Option für einen Bauplatz lag dann jedoch in nur 500 Meter Entfernung zum bestehenden Firmensitz.

EINE „LANDMARK" FÜR DIE STEIERMARK

„Die Unternehmen der Styria Media Group beschränken sich nicht darauf, Informationen zu verbreiten. Ihr Zweck besteht darin, Orientierung zu erleichtern, Vertrauen zu schaffen und Gemeinschaft zu unterstützen", ist auf der Homepage der Styria Media Group zu lesen und genau diesen Zweck erfüllt im eigentlichen Sinn auch das neue Hochhaus: Es erleichtert die Orientierung, wenn man von der Südautobahn kommend mit dem Auto die Stadteinfahrt nimmt und schon bald durch den geschwungenen Baukörper Richtung Grazer Stadtzentrum weitergeleitet wird. Genau an jener Stelle, wo das weit ausladende Vordach der Grazer Stadthalle von Klaus Kada in die Conrad-von-Hötzendorf-Straße hineinragt, bildet der leicht gewölbte Büroturm einen stadträumlichen Gegenpart, der hier, im Südosten des Stadtteils Jakomini, ein neues Tor zur Stadt definiert.

Das Jakominiviertel erfährt dieserart eine stadtplanerische Aufwertung, die seiner Rolle als Entwicklungsgebiet zur

THE JAKOMINI DISTRICT: LONG-STANDING LOCATION OF THE STYRIA-VERLAG HEADQUARTERS

When the directors of the Styria Media Group decided to erect a new building in Graz for the company headquarters, they clearly intended to make an assertive architectural statement befitting the second largest media concern in Austria. In concrete terms, this was the construction of a new high-rise building in Graz; metaphorically, it was also a powerfully symbolic landmark in a radically changing media landscape.

The Styria-Verlag has been based in Schönaugasse in the Jakomini district of Graz since 1902 and production of the "Kleine Zeitung" began there in 1904. It was, therefore, a happy coincidence that a plot for the new building became available in close proximity to the original site, preserving a well-established company tradition. In 2005 ArchitekturConsult (architects Hermann Eisenköck and Herfried Peyker) in Graz was appointed to inspect several potential new sites for the Styria Media Group and the most practical option was situated just 500 metres from the existing head office.

A LANDMARK FOR STYRIA

The company homepage asserts that "the Styria Media Group's enterprises are not limited to the dissemination of information. Their purpose is to facilitate orientation, to build trust and to support communities." The new high-rise office building also fulfils this purpose in every sense: it facilitates orientation as you enter the city by car from the south-bound motorway, the curve of the building guiding you towards Graz city centre. Just where the broad, cantilevered canopy roof of Graz Stadthalle (designed by Klaus Kada) rises above Conrad-von-Hötzendorf-Straße, the gently curved office tower forms a perfect architectural counterpart and represents a new gateway to the city from this south-eastern district of Jakomini.

The Jakomini district is thus enjoying a process of urban renewal as part of the programme for the urban regeneration of Graz. An analysis of the Jakomini district (Eva-Maria Benedikt, Martin Priehse, diploma thesis "Jam Session – Graz Jakomini", Graz University of Technology, 2000) aptly concludes: "This area is neither in the inner city nor on the outskirts. It lies somewhere between the two. Arterial roads, quiet residential areas, industrial estates and landscaped parks, cultural facilities and allotments

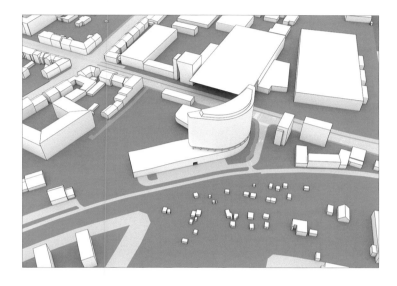
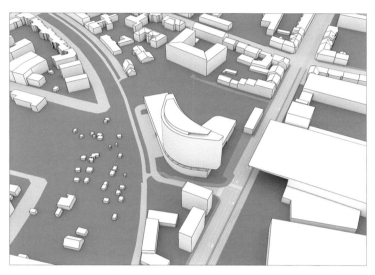
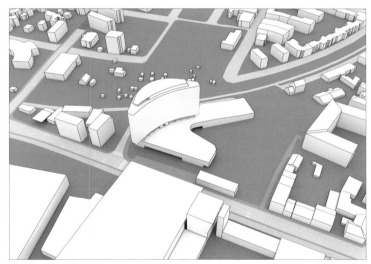
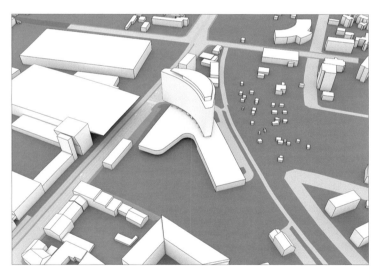

Die städtebauliche Einbettung des Styria Media Centers
im 3D-Modell. Den südlichen Grundstücksgrenzen folgend
wurde das Sockelbauwerk eingepasst, die gerundete Form
des Hochhauses erzeugt eine stadträumliche Verbindung
zwischen Ostbahntrasse und Grazer Stadthalle.

3D model showing the architectural embedment of the Styria
Media Center. The base level structure follows the contours of
the southern boundaries of the site; the rounded form of the
high-rise building creates an architectural link between
the railroad tracks and the Graz Stadthalle.

NEUER RAUM FÜR URBANEN MEHRWERT
A NEW, ENHANCED URBAN SPACE

städtischen Verdichtung von Graz entspricht. „Das Feld ist weder Innenstadt, noch Peripherie. Es begibt sich jedoch in das Spannungsfeld zwischen den beiden", ist in einer Analyse zum Jakominiviertel (Eva-Maria Benedikt, Martin Priehse, Diplomarbeit „Jam Session – Graz Jakomini", TU Graz, 2000) trefflich zu lesen, „Durchzugsstraßen, ruhige Wohngebiete, Gewerbezonen und Landschaftspark, Kultur und Kleingärten – alles existiert nebeneinander." Ein „Pastiche" an urbanen Gegebenheiten, die sich im Laufe der Baugeschichte aneinander gefügt haben – ein eindrucksvolles Bild, das sich genauso ergibt, wenn man im 14. Obergeschoss auf der Aussichtsterrasse des Styria-Hochhauses steht und den Blick über das unmittelbare Umfeld schweifen lässt.

DAS JAKOMINIVIERTEL VON OBEN

Im Nordosten zieht die Conrad-von-Hötzendorf-Straße eine breite Schneise durch die gründerzeitliche Blockbebauung, klar erkennbar als Hauptverkehrsader in Richtung Innenstadt, schnurgerade auf den im Hintergrund liegenden stumpfen Kegel des Grazer Schlossbergs zu. Nicht sichtbar, in der Verlängerung der Hötzendorf-Straße, liegt der Jakominiplatz, der nach dem Schleifen der Stadtmauern an dieser Stelle angelegt wurde. 1748 hatte Kaspar Andreas von Jakomini, der seinen Zeitgenossen als „wohltätiger Spekulant" galt, zahlreiche Gründe im Bereich der ehemaligen Festung erworben und sich in der ersten Hälfte des 19. Jahrhunderts um die Stadtentwicklung der sogenannten Jakominivorstadt verdient gemacht. Ende des 19. Jahrhunderts wurde über das Gebiet der Gründerzeit entsprechend ein Straßenraster gelegt, um für die wachsende Stadt die notwendigen Wohnbauten errichten zu können. Gleichzeitig wurde aber auch für Erholungsflächen gesorgt, indem die schöne Auenlandschaft am Mur-Ufer kultiviert und zum Augarten mit einem öffentlichen Bad umgestaltet wurde – die Schönaugasse zeugt von der Historizität der natürlichen Gegebenheiten, der Name Jakominiviertel erinnert an den Gründervater dieses neuen Stadtteils.

In Verlängerung der Jakominigasse wurde die Äußere Jakoministraße, die 1935 in Conrad-von-Hötzendorf-Straße umbenannt wurde, ausgebildet, die nicht nur die weiter östlich parallel führende Münzgrabenstraße als bisherige Ausfallstraße Richtung Süden ersetzen, sondern durch die Errichtung von Gebäuden mit öffentlichen Einrichtungen wie Gericht

all exist side by side there." A "pastiche" of urban features, which have all merged together over the course of its developmental history, provides an impressive panorama as you gaze over the immediate local area from the viewing terrace on the 14th floor of the Styria tower.

THE JAKOMINI DISTRICT FROM ABOVE

To the north-east, the Conrad-von-Hötzendorf-Straße cuts a broad swathe through the late 19th century perimeter block developments, clearly recognizable as a main arterial road to the inner city, heading in a straight line towards the stubby mound of Graz Castle in the background. Not visible is Jakominiplatz at the end of Hötzendorf-Straße, built at this location after the demolition of the city walls. In 1748 Kaspar Andreas von Jakomini, known to his contemporaries as the "benevolent speculator", acquired numerous plots of land around the former fortress and set about the urban development of the so-called Jakomini suburb in the first half of the 19th century. At the end of the 19th century residential streets were laid out in a grid formation in accordance with the principles of Gründerzeit architectural style, to provide essential housing for the growing city. Recreational spaces were also provided. The beautiful meadow landscape on the banks of the Mur was cultivated and redesigned to form the Augarten with its public baths. The Schönaugasse testifies to the area's historical natural features while the name, Jakomini, recalls the founding father of this new urban district.

The Jakominigasse was extended into Äußere Jakoministraße and renamed Conrad-von-Hötzendorf-Straße in 1935. It was intended not only to replace the parallel Münzgrabenstraße, a south-bound arterial road located further east, but was also planned as a new high street with the erection of public buildings, including the law courts and finance office, and the installation of tram lines. Jakominiplatz was also similarly redesigned as a traffic hub in 1878. On one side horse-drawn trams plied their way to the main railway station while on the other they crossed the Hötzendorf-Straße to the Ostbahnhof which, when it opened in 1873, provided a direct link to Hungary and brought to Graz an economic prosperity independent of Vienna.

Looking south, there is a wonderful view of the Ostbahnhof from the sky-lobby of the Styria building. To the right of the railway tracks are factories and waste land, the listed station building

und Finanzamt und durch Verlegung von Straßenbahngleisen eine neue Hauptstraße werden sollte. Ebenso wurde der Jakominiplatz zum Verkehrsknotenpunkt umgeplant, von welchem ab 1878 die Pferdebahn einerseits zum Hauptbahnhof, andererseits – über die Hötzendorf-Straße – zum Ostbahnhof geführt wurde. Die Ostbahn, die 1873 eröffnet wurde, stellte die direkte Verbindung nach Ungarn her und brachte Graz unabhängig von Wien einen wirtschaftlichen Aufschwung.

Das Gelände des Ostbahnhofs ist von der Skylobby des Styria-Gebäudes aus, wenn man sich nach Süden wendet, schön zu überblicken: Die Gleisanlagen mit rechts daneben liegenden Industriehallen und Brachland, das denkmalgeschützte Bahnhofsgebäude mit Ziegelfassade und über die Ausfallstraße hinweg die typische Gewerbegebietsszenerie mit Baumarkt, Tankstelle, Fastfood-Pavillon und riesigen Parkplatzflächen. Die Gleise der Ostbahn führen ganz knapp am Styria-Hochhaus vorbei und verlaufen in einem weiten Bogen in Richtung zur Eisenbahnbrücke über die Mur. Neben der Bahntrasse bietet sich eine weitere Facette an Vorstadtbebauung, nämlich kleine Häuschen mit Giebeldach, die in den erwähnten Kleingärten stehen – aus dieser Perspektive betrachtet hat die Siedlung am Bahndamm Modelleisenbahndimension.

Im westlichen Teil des Jakominiviertels, wo die Rasterstruktur deutlich zu erkennen ist, herrscht Wohnbau vor, Blockrandbebauung aus der Gründerzeit, freistehender Geschosswohnbau aus der Nachkriegszeit, bis zu Neubauten aus den letzten Jahren. Im Blickfeld Richtung Westen steht die im Stile der Neorenaissance 1908 fertiggestellte Josefskirche, akkurat zwischen dem neuen und dem alten Standort des Styria-Verlags. Dies ist nicht nur städtebaulich ein schönes verbindendes Element, sondern auch historisch, wenn man weiß, dass der Verlag in Graz 1869 als „katholischer Pressverein" gegründet wurde.

Im östlichen Teil ist die in letzter Zeit stärkste städtebauliche Verdichtung im Jakominiviertel vollzogen worden: Hier liegt das Messegelände, das 1880 angelegt worden war und, mittlerweile stark verkleinert, teilweise mit Wohnhäusern, mit Ausstellungshallen und 2002 prominent mit der Grazer Stadthalle bebaut wurde. An deren Stelle war ursprünglich der Haupteingang ins Messegelände mit seinen Kassenkiosks und der im Zweiten Weltkrieg zerstörten Industriehalle. Dahinter lag

with its brick façade and, across the arterial road, a typical enterprise zone with its DIY store, filling station, fast-food pavilion and enormous car parks. The tracks of the Ostbahn run right past the Styria tower and follow a broad curve to the iron railway bridge across the Mur. Adjacent to the railway tracks is another urban feature: little cottages with gable roofs, nestling in the allotments. The development along the embankment looks like a model railway layout from this perspective.

In the western part of the Jakomini district, where the grid structure is clearly recognisable, residential development prevails, ranging from perimeter blocks from the late 19th century and free-standing apartment blocks from the post-war period to recent new-builds. The view to the west takes in the Josefskirche, completed in 1908 in the neo-renaissance style and standing exactly between the new and the old headquarters of Styria Verlag. It is not only a beautiful architectural element linking old and new, it also links the publishing house to its history as a "Katholischer Pressverein" (Catholic press association) founded in Graz in 1869.

The eastern sector has recently seen the completion of the most intensive phase of urban development in the Jakomini district. The fairgrounds were established here in 1880 and, following a period of considerable decline, they have since been redeveloped, partly with residential properties, exhibition halls and, in 2002, by the construction of Graz Stadthalle, situated prominently on the site of the former main entrance to the fairgrounds with its ticket booths and the factory, destroyed in the Second World War. Behind it stretched its own park and, next to the historic Moserhof-Schlössl (now the Messeschlössl) a horse trotting track, which survived until the post-war period. The fairgrounds also served as a public park and included a cycle track. Owing to the popularity of cycling as a sport in Graz, it was decided to construct a new track in 1888 which, "…with banked, sloping curves and tarred surfaces, set new standards in the construction of racing tracks". Owing to the route of the Styrian Ostbahn in the south-west, the oval, squeezed between the railway and the Conrad-von-Hötzendorf-Straße had a "dent" at its southern end and was therefore popularly referred to as the "Birnen-Rennbahn" (Pear Track; cf. Wolfgang Wehap, "Verwelkter Lorbeer: Bahnrennen in Graz", http://graz.radln.net/cms/beitrag/11590381/105566718/). "Although hundreds of the citizens of Graz followed the practice runs of the racers every day on the large race track opposite the factory …", the

eine zugehörige Parkanlage und neben dem historischen Moserhof-Schlössl (jetzt Messeschlössl) eine Trabrennbahn, die bis in die Nachkriegszeit existierte. Das Messegelände diente auch als Volkspark und so wurde im Park auch eine Radrennbahn angelegt. Wegen der Popularität des Radsports in Graz entschloss man sich 1888 vis-à-vis eine neue Anlage zu errichten, die „... mit überhöhten, geneigten Kurven und Teerung neue Maßstäbe im Rennbahnbau setzte. Wegen der im Südwesten tangierenden Trasse der steirischen Ostbahn war das zwischen dieser und der Conrad-von-Hötzendorf-Straße eingepasste Oval im südlichen Bereich eine Delle, weshalb der Volksmund von der ‚Birnen-Rennbahn' sprach." (Wolfgang Wehap, „Verwelkter Lorbeer: Bahnrennen in Graz", http://graz.radln.net/cms/beitrag/11590381/105566718/) Obwohl „hunderte Grazer täglich auf der großen Rennbahn gegenüber der Industriehalle die Übungen der Rennfahrer verfolgten...", musste die Radrennbahn 1900 aus finanziellen Gründen aufgelassen werden und man wandelte das Terrain in einen Sportplatz um.

Das Zwickelgrundstück an der Ostbahn mit der historischen „Birnen-Rennbahn" ist genau jenes, wo nun das Hochhaus der Styria Media Group steht. Über jenen Flächen an der Conrad-von-Hötzendorf-Straße, die einst für Freizeit und Sport angelegt wurden, erheben sich nun – mit Stadthalle und Styria Media Center – zwei korrespondierende Bauten für Kultur und mediale Produktion und verleihen dem Ort ein neues städtebauliches Gepräge. Zweifelsohne wird die stadträumliche Situation nicht nur als Tor zur Grazer Innenstadt fungieren, sondern in der Folge ein neues Zentrum definieren, das die Aufwertung der ganzen Gegend nach sich ziehen wird. In Abwandlung des Leitmotivs zum Neubau des Styria-Hauptquartiers könnte man eine Prämisse für urbanen Mehrwert formulieren: Neuer Raum mit erhöhter Frequenz schafft neue Kommunikation im städtebaulichen Zusammenhang und trägt zur kontinuierlichen Entwicklung des Jakominiviertels bei – als umbauter Raum in Form von Gebäuden und im Idealfall als neu gewonnener Freiraum für die Gemeinschaft.

track had to be abandoned in 1900 for financial reasons and the area was turned into a playing field.

The triangular plot alongside the Ostbahn with its historic "Birnen-Rennbahn" is the very spot where the new Styria Media Group building now stands. On land stretching across to the Conrad-von-Hötzendorf-Straße, and once used for sport and leisure, two complementary buildings of equal prominence now stand: the Stadthalle and the Styria Media Center, representing cultural and media production creativity. Both confer upon this site new-found distinction as a gateway to the city of Graz and define a new urban centre, bringing in its wake a process of renewal for the whole district. The new Styria headquarters provides a basis for urban enhancement: new space with increased frequency of use creates new communication in the context of urban planning and contributes to the continuous regeneration of the Jakomini district. Ideally, such a re-development would include both enclosed space (buildings) and open space reclaimed for the community.

1 Blick entlang der Conrad-von-Hötzendorf-Straße von Süden her. Links vorne der Ostbahnhof, mittig das Styria Media Center, rechts vorne das Gewerbegebiet – das Jakominiviertel als ein „Pastiche" von addierten urbanen Gegebenheiten.

2 Schrebergärten und Hochhaus existieren im Jakominiviertel nebeneinander.

3 Die Jakominivorstadt vor Schleifung der Grazer Stadtmauern, Anfang des 19. Jahrhunderts.

4 Bereits im 19. Jahrhundert war der Radsport in Graz populär.

5 Die drei Radrennbahnen beim Messegelände: Die kleine im Messepark (19), die große auf der Trabrennbahn (20) sowie die 1888 neu errichtete sogenannte Birnenrennbahn (18).

6 Der Blick von der Dachterrasse des Styria Media Centers entlang der Conrad-von-Hötzendorf-Straße in Richtung Innenstadt. Hier wurde das Jakominiviertel bereits im 19. Jahrhundert verdichtet, im Hintergrund erhebt sich der Grazer Schlossberg.

1 View along Conrad-von-Hötzendorf-Straße from the south showing the Ostbahnhof (front left), the Styria Media Center (centre), and the business park (front right) – the Jakomini quarter as a "pastiche" of urban features past and present.

2 Allotments and high-rise buildings exist side by side in the Jakomini district.

3 The suburb of Jakomini before the city walls of Graz were razed at the beginning of the 19th century.

4 Cycle racing was already popular in Graz in the 19th century.

5 The three cycle race tracks on the fairgrounds: the small track in the park (19), the large one on the harness racing track (20) and the new, so-called "pear" race track, built in 1888 (18).

6 View from the roof terrace of the Styria Media Center along Conrad-von-Hötzendorf-Straße towards the city centre. The Jakomini district was already becoming congested here in the 19th century. In the background, the majestic Graz Schlossberg.

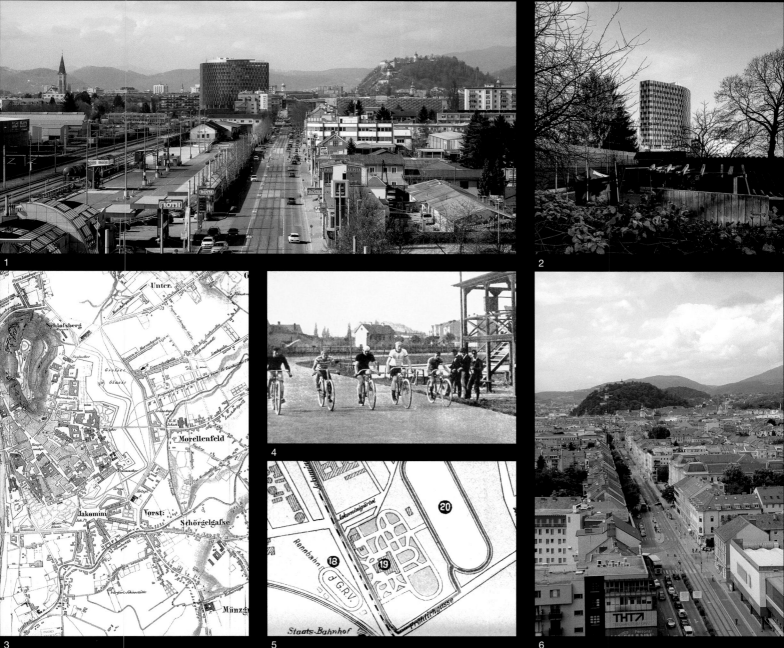

1

2

3

4

5

6

DIE WEICHE FORM EINER GERADLINIGEN KOMMUNIKATION

SOFT FORM FOR STRAIGHT COMMUNICATION

HERFRIED PEYKER, MARTIN PRIEHSE UND PETER SCHALLER IM GESPRÄCH MIT JUDITH EIBLMAYR

JE: Herr Architekt Peyker, das Styria Media Center Graz ist nach nur knapp zwei Jahren Bauzeit fertiggestellt und wird nun seinen Betrieb aufnehmen. Ich bezeichne dies absichtlich so, weil dieses Gebäude viele Funktionen bieten muss und ein reibungsloser Ablauf in der Betriebsamkeit der medialen Arbeit die wesentliche Vorgabe für die Gebäudeplanung war – neben dem Wunsch, die Silhouette von Graz mit einer architektonischen „landmark" zu bereichern.

PEYKER: Ja, so ist es und wir sind sehr stolz, dass beide Bauherrnwünsche erfüllt und in der spezifischen Form des Gebäudes vereint werden konnten. In Zeiten, wo die Medienlandschaft national und international stark in Veränderung begriffen ist, musste dieses Bauwerk in Bezug auf Form, Funktion und Wirtschaftlichkeit besondere qualitative Kriterien erfüllen.

JE: Das Büro ArchitekturConsult war für dieses Projekt bereits mit der Erstellung einer Vorstudie beauftragt worden. Herr Architekt Priehse, Sie waren von Anfang in die Planung respektive die Standortfindung eingebunden?

PRIEHSE: ArchitekturConsult wurde im Jahr 2004 von der Styria Media Group beauftragt, einen geeigneten Bauplatz in Graz zu ermitteln und wir haben damals 34 potenzielle Standorte auf ihre Eignung geprüft. Das neue Gebäude sollte alle Redaktionen der unterschiedlichen Medien des Verlags zusammenbringen, um unmittelbarer und effizienter operieren zu können. Der Standort musste also einige Kriterien erfüllen, um optimale Bedingungen zu bieten. Der damalige Sportclubplatz stand bald als das am Besten für den Zweck geeignete Grundstück fest, auch weil es gegenüber von der Stadthalle von Klaus Kada in einer städtebaulich spannenden Zone war. Schließlich konnte der Bauplatz fixiert und eine Bebauungsstudie erstellt werden. Auf dieser Grundlage hat die Stadt Graz 2006 einen neuen Bebauungsplan erlassen.

PEYKER: Auf Basis dieses Bebauungsplans wurde ein Ideenwettbewerb ohne Auftragszusage ausgeschrieben, zu dem mehrere Architekten und auch unser Büro geladen waren. Es gab eine Phase der Weiterbearbeitung durch ausgewählte Teilnehmer, in der Folge wurde ArchitekturConsult

HERFRIED PEYKER, MARTIN PRIEHSE AND PETER SCHALLER IN CONVERSATION WITH JUDITH EIBLMAYR

JE: Herr Peyker, the Styria Media Center Graz was completed in just two years and is now ready to commence operations. I choose these words deliberately because this building has to accommodate many different functions and a smooth transition into a fully functional media operation was an essential requirement for the design of the building along with a desire to enhance the profile of Graz with an architectural "landmark".

PEYKER: Yes, that's right and we're very proud to have been able to fulfil both the owner's requirements in the specific form of the building. At a time when both the national and international media landscape is in the grip of radical change, this edifice had to meet particular quality criteria with regard to form, function and economic feasibility.

JE: ArchitekturConsult was first made responsible for this project when appointed to carry out a preliminary survey. Herr Priehse, were you involved right from the start in the search for a suitable site?

PRIEHSE: ArchitekturConsult was commissioned in 2004 by the Styria Media Group to find a suitable site in Graz and we then examined 34 potential locations. The new building was to bring together the editorial offices of all the various media of the publishing group so they could operate more directly and efficiently with one another. The site therefore had to fulfil several criteria in order to offer the best possible conditions for this. The former premises of the sports club soon proved to be the best for the intended purpose, especially as it was situated right opposite Klaus Kada's Stadthalle in an exciting area of urban renewal. We finally decided upon the site and a draft scheme for the development was drawn up. It was used as the basis for a new scheme which was passed by the City of Graz in 2006.

PEYKER: Based on this scheme, an ideas competition was launched (without any guarantee of a contract) in which several architects, including our own office, were invited to participate. Selected participants were subsequently invited to elaborate on their ideas and, as a result, ArchitekturConsult was appointed to produce a preliminary design, which was approved in 2008. Official planning permission was granted at the

mit der Ausarbeitung eines Vorentwurfs beauftragt und 2008 konnte die Entwurfsplanung freigegeben werden. Nachdem Anfang 2010 der rechtsgültige Baubescheid ergangen war, stellte man seitens des Vorstands aufgrund der allgemeinen wirtschaftlichen Entwicklung das Projekt plötzlich in Frage und im Herbst erfolgte ein Projektstop. Es wurde auf Eis gelegt und der Auftraggeber hat zugewartet und später überlegt, in welcher Form der Bau doch noch realisiert werden könnte. Schließlich wurde die GRAWE Immo Holding AG von der Styria als externe Projektleitung des Bauherrn eingesetzt. Das Bauwerk wurde in Funktion und Bauweise auf seine Wirtschaftlichkeit hin überprüft und in seiner Kubatur verkleinert. Darüber hinaus wünschte sich der Bauherr Sicherheit und Effizienz bei der Umsetzung und es wurde das ideale Geschäftsmodell für die Realisierung gesucht.

JE: Ein Geschäftsmodell mit womöglich geteilter Verantwortung …

PEYKER: Der Bauherr hatte den Wunsch nach einem verantwortungsvollen Partner bei der Errichtung des Gebäudes und es wurde ein Bieterverfahren für einen Generalübernehmer ausgeschrieben. Die Errichtergesellschaft wollte sichergehen, dass die Hauptverantwortlichkeit bei der ausführenden Firma liegt und diese im Interesse aller Beteiligten das Projekt verlässlich umsetzt. Von drei Bewerbern hat die PORR Bau GmbH dabei das Rennen gemacht.

JE: Herr Diplomingenieur Schaller, wie hat sich für Sie als Vertreter der PORR das Projekt zu diesem Zeitpunkt dargestellt? Ein Bauwerk, für das man gerne in die Verantwortung inklusive Kostengarantie gehen wollte?

SCHALLER: Ja, auf jeden Fall, wir wollten dieses Projekt umsetzen. Einerseits weil dieses wichtige Gebäude in Graz für uns als PORR Steiermark natürlich ein Referenzprojekt und Identifikationsobjekt war und ist, andererseits, weil es sehr professionell vorbereitet war. Es gab eine detaillierte funktionelle Ausschreibung und wir hatten sechs Monate Zeit bis zur Vergabe – Zeit, um alles zu prüfen und zielgenau anbieten zu können. Das Einreichverfahren war abgeschlossen und die Fachplanung weit fortgeschritten, das heißt, wir konnten sehr gut einschätzen, was auf uns zukommt. Das war besonders wichtig, immerhin mussten wir einen Fixpreis anbieten …

beginning of 2010 but, in view of the current general economic climate, the executive directors suddenly expressed doubts about the project and it was put on ice in the autumn while they decided whether and in what form construction could go ahead. Finally, GRAWE Immo Holding AG was appointed by Styria to take charge of the owner's external project management. The function and design of the building was reviewed with regard to economic feasibility and its dimensions reduced. In addition, the owner looked for an ideal business model for the project that would guarantee a reliable and efficient construction process.

JE: A business model with shared responsibility …

PEYKER: The owner wanted a responsible partner for the erection of the building so a tendering procedure was launched to find a general contractor. The client wanted to make sure that the main responsibility lay with the construction company and that they could be relied upon to complete the project in the interests of all involved. Of three candidates who were in the running, PORR Bau GmbH was selected.

JE: Herr Schaller, how did you as a representative of PORR perceive the project? Did it seem like a scheme for which you would be happy to accept responsibility and give an inclusive cost guarantee?

SCHALLER: Yes, we definitely wanted to realise this project. On the one hand, it would be good for PORR Styria to be identified with such a prestigious reference project in Graz and, on the other, because it was very professionally prepared. There was a detailed, functional tender specification and we had six months to submit our offer – enough time to check everything and ensure we satisfied the target criteria. Submission for planning permission had already been completed and detail drawings were at an advanced stage which meant we could estimate exactly what we would have to do. This was particularly important because we had to offer a fixed price …

PEYKER: As already mentioned, changes were made during the phase when the project was suspended for economic reasons. The owner's project management team and the architects jointly considered how and where costs could be saved. Because of the high groundwater table, for example, we dispensed with the underground garage in favour of a

DIE WEICHE FORM EINER GERADLINIGEN KOMMUNIKATION
SOFT FORM FOR STRAIGHT COMMUNICATION

PEYKER: Wie erwähnt wurden in der Sistierungsphase des Projekts aus Kostengründen Änderungen vorgenommen, die Projektleitung des Bauherrn und die Architekten haben gemeinsam überlegt, wie und wo man einsparen könnte: Wegen des hohen Grundwasserspiegels wurde auf die Tiefgarage verzichtet und eine Hochgarage geplant, was wesentlich billiger ist. Glücklicherweise war das Grundstück groß genug, um so flexibel zu sein! Auch die Glasfassade ist überprüft worden, wobei die Ausbildung von Parapeten ein unaufwändigeres Konstruktionssystem und somit eine wesentliche Kosteneinsparung gebracht hat. Aber auch im Innern wurde reduziert, zum Beispiel ist der Newsroom verkleinert und die gesamte Haustechnik optimiert worden.

SCHALLER: Es war von Beginn an klar, dass die Auftragssumme quasi eine Obergrenze darstellt, somit Mehrkosten auch durch Optimierungen und Minderkosten auszugleichen waren. Das „Bau-Soll" war in der Ausschreibung durch eine funktionale Leistungsbeschreibung, bereits weit gediehene Einreichpläne, ein Bemusterungskonzept und Leitdetails hinreichend genau definiert, um einen belastbaren Fixpreis abzugeben. Letztlich war auch die Beauftragung der bereits im Projekt beschäftigten Fachplaner für die Ausführungsplanung zweckmäßig, ebenso gab es mit den Architekten von ArchitekturConsult von Anfang an ein konstruktives Gesprächsklima und somit gutes Einvernehmen. So konnten wir die Kontinuität in der Planung beibehalten und realistischerweise eine stringente Bauzeit vorsehen.

PRIEHSE: Man muss sagen, dass das Zusammenspiel zwischen Bauherrnvertretern, Architekten und dem Generalübernehmer immer lösungsorientiert war und alle produktiv an die Sache herangegangen sind. Die künstlerische Oberleitung war bei ArchitekturConsult verblieben und wir wurden auch weiterhin in alle das Projekt betreffende Bauherrnentscheidungen rechtzeitig eingebunden, somit gab es keine Leerläufe in der Ausführungs- und Detailplanung. Das Projekt war getragen von einer wirklich guten Kommunikation auf allen Ebenen!

SCHALLER: Die Qualität der Kommunikation ist absolut hervorzuheben. Insbesondere haben wir bereits im Vorfeld gemeinsam mit den Architekten versucht, die Bereiche zu definieren, die ihnen in architektonischer Hinsicht wichtig waren und keine Kompromisse zuließen, gleichzeitig aber

multi-storey car park which is considerably cheaper. Fortunately, the site was big enough to be flexible! The glass façade was also examined and a stick-system curtain wall with window strips provided an inexpensive option and made for a considerable saving. The interior was also reduced. The newsroom, for example, is smaller and all in-house technology has been optimised.

SCHALLER: It was clear from the beginning that the total amount of the contract was an upper limit. Any additional costs were to be balanced out by optimisation and by reducing costs in other areas. The "target construction" was extensively and precisely defined in the tendering process by a functional specification, a well advanced submission procedure, provision of sample materials and main planning details so we could give a reliable fixed price. Last but not least, suitable specialist designers had already been appointed for technical drawings and, from the outset, discussions with the architects from ArchitekturConsult were always constructive and amicable. We were therefore able to preserve continuity throughout the planning process and schedule a realistic but stringent construction period.

PRIEHSE: I must say that the cooperation between the owner's representatives, the architects and the general contractor was always target-focused and productive. Overall artistic control remained with ArchitekturConsult and we were also quickly involved in any decisions made by the owner which affected the project so there were no delays in preparing working drawings and detail planning. The project was sustained by excellent communication at all levels!

SCHALLER: The quality of communication was absolutely outstanding. Even in the preliminary stages we were working closely with the architects to define the areas important to them from an architectural standpoint and which allowed no compromises to be made. At the same time, however, we worked to maximise efficiency wherever possible and found

Die Errichtung des Styria Media Centers im Zeitraffer, von März 2013 bis Dezember 2014.

The erection of the Styria Media Center in "fast motion" from March 2013 to December 2014.

DIE WEICHE FORM EINER GERADLINIGEN KOMMUNIKATION
SOFT FORM FOR STRAIGHT COMMUNICATION

bei untergeordneten Bereichen mit Optimierungen und Alternativen gearbeitet, um im vorgegebenen Kostenrahmen zu bleiben. Gerade bei den Kosten herrschte Transparenz für alle Beteiligten, somit sind auch nicht plötzlich Missstände aufgetaucht, für die dann keiner die Verantwortung übernehmen wollte.

JE: Gab es eine externe begleitende Baukontrolle?

SCHALLER: Nein, die gab es nicht und die war auch nicht notwendig. Dadurch, dass von Styria und GRAWE, mit Herrn Ing. Agatic ein sehr engagierter und kompetenter Vertreter eingesetzt war, war die Bauherrnseite immer aktiv in den Bauprozess involviert und hatte dadurch permanenten Einblick ins Geschehen. Es gab die Verinnerlichung eines gemeinsames Ziels, nämlich dieses Bauwerk, das nicht nur durch seine ansprechende Architektur, sondern auch in seiner Funktion enorm wichtig für die Stadt Graz ist, im vorgegebenen Kosten- und Zeitrahmen zu realisieren.

JE: Das Selbstverständnis, mit dem das Gebäude nun dasteht, scheint diesen positiven Prozess auszustrahlen – repräsentativ, aber in keiner Weise protzig. Wie reagieren Bevölkerung und Kollegenschaft?

PEYKER: Es gibt sowohl von den Architektenkollegen, den politischen Vertretern der Stadt Graz und der Bevölkerung nur positives Feedback. Während man aus der Distanz vom Schlossberg aus durchaus die Mächtigkeit des Bauwerks wahrnimmt, wirkt es aus der Nähe viel leichter. Das Sockelgeschoss nimmt dem Hochhaus optisch die Höhe und die gerundete Form fügt sich in die städtebauliche Umgebung gut ein. Ich finde ja die Überfrachtung von Architektur mit Interpretationen prinzipiell nicht gut, die „weiche" Form des Flügels lässt viel Interpretationsspielraum zu und das kommt bei den Betrachtern offensichtlich gut an.

PRIEHSE: Der geschwungene vertikale Flügel ist als städtebauliche Antwort auf das weit auskragende, horizontale Dach der Stadthalle zu verstehen. Der Vorplatzbereich an der Conrad-von-Hötzendorf-Straße war uns ein städtebauliches Anliegen und hat straßenübergreifend einen Raum geschaffen, der für die Stadt an dieser Stelle eine neue Qualität bedeutet. Das nimmt die Bevölkerung offensichtlich auch wahr, denn das Gebäude ist sehr gut angenommen!

alternatives to keep within the prescribed cost boundaries in areas of lesser importance. Costs were kept transparent for all concerned so that no sudden discrepancies occurred for which no-one wanted to accept responsibility.

JE: Was an external quantity surveyor involved throughout the project?

SCHALLER: No, and it wasn't necessary, either. The owner, Styria, and also GRAWE, were always actively involved in the building process through GRAWE's engineer, Herr Agatic, a very committed and competent representative, and both were therefore always aware of what was going on. We had a common goal, namely the construction of a building which, in terms of both architecture and function, was enormously important for the city of Graz and it had to be realised within a prescribed cost and time framework.

JE: The architectural statement made by the building seems to radiate this positive process – representative but in no way pretentious. How do work colleagues and the local residents react?

PEYKER: We've had nothing but positive feedback from architectural colleagues, political representatives of the city of Graz and the local population. Viewed from a distance, from the Schlossberg, you can appreciate the power of the building; close by it seems much lighter. The base level feature visually takes some of the height from the tower and the rounded form fits well into the urban environment. In principle, I don't like to read too many interpretations into architecture but the "soft" form of the wing structure is very evocative and those who see it obviously like it.

PRIEHSE: In terms of urban planning the curved vertical wing can be seen as an answer to the widely projecting horizontal canopy of the Stadthalle. We wanted the forecourt on to Conrad-von-Hötzendorf-Straße to include the street and create an up-market space for the city. The local population obviously appreciated this because the building has been very well received! A uniform floor texture provided in the public space would draw both sides of the street together to form a square but, unfortunately, it wasn't feasible at the time. Perhaps that will be something for the future.

Eine einheitliche Bodentextur, die wir im öffentlichen Raum vorgesehen haben, hätte die beiden Straßenseiten noch mehr zu einem Platz zusammengezogen, aber das war zum jetzigen Zeitpunkt leider nicht umzusetzen, vielleicht kann das in der Zukunft noch kommen.

SCHALLER: Auch ich kriege nur positive Rückmeldungen, sei es aus der Fachwelt oder beim Smalltalk mit Laien. Das ist auch deshalb so erfreulich, weil man sieht, wie die Kontinuität im Bauprozess mit einem verantwortungsvollen, nicht anonymen Bauherrn Qualitäten schafft, die sowohl Nutzer und Nutzerinnen wie auch die Bevölkerung spüren. Die PORR identifiziert sich natürlich auch gerne damit, dass wir bei der Errichtung dieses Bauwerks Kosten und Termine halten konnten und jetzt nach der Fertigstellung einen zufriedenen Auftraggeber haben.

JE: Herr Peyker, es ist eine klare Architektursprache, die die ArchitekturConsult beim Styria Media Center formuliert hat. Die Bauaufgabe einer „landmark" für die Steiermark scheint eine sehr stimmige formale Entsprechung gefunden zu haben.

PEYKER: Es gab seitens der Styria Media Group für den Neubau das formulierte Leitmotiv: „Neuer Raum für neue Kommunikation". Dies bezog sich auf ihre eigene Programmatik als Medienkonzern, kann aber durchaus auf den erfolgreichen Prozess bei diesem Bauprojekt umgelegt werden: Wenn alle Beteiligten verantwortungsbewusst, offen und effizient über die Planung und Errichtung eines Gebäudes kommunizieren, kann ein Generalübernehmer reüssieren und die Architektur ihre volle Qualität ausspielen. Abgeleitet für die Architektur könnte hier als Leitmotiv gelten: „Neuer Raum durch gelungene Kommunikation".

SCHALLER: I've also had nothing but positive feedback from professionals and the ordinary man in the street. This is particularly gratifying because it shows how continuity in the building process and a responsible rather than an anonymous owner creates quality both users and the local population can appreciate. PORR is naturally happy to have completed this building on schedule and within budget and, now that it's finished, we have a satisfied customer.

JE: Herr Peyker, ArchitekturConsult has formulated a clear architectural language in the Styria Media Center. The task of building a "landmark" for Styria seems to have found harmonious expression in architectural terms.

PEYKER: The Styria Media Group's "mission statement" for the new building was: "new space for new communication". This referred to its own objectives as a media concern but it can also be applied to the successful building process of this project: if all those involved communicate in a responsible, open and efficient way during the planning and construction phases a general contractor can succeed in bringing out the true quality of the structural design. The mission statement can be adapted for architecture as: "new space thanks to communication".

This interview was conducted on 21st January 2015 in Graz.

DI HERFRIED PEYKER, architect, with Hermann Eisenköck managing partner of Architektur Consult ZT GmbH.

DI PETER SCHALLER is branch manager of PORR Bau GmbH and was responsible for Styria Media Center on behalf of the contractor.

DI MARTIN PRIEHSE, part of Architektur Consult ZT GmbH. Project manager of Styria Media Center.

Das Interview wurde am 21. Jänner 2015 in Graz geführt.

Architekt DI HERFRIED PEYKER, mit Hermann Eisenköck geschäftsführender Partner der Architektur Consult ZT GmbH.

DI PETER SCHALLER ist Niederlassungsleiter der PORR Bau GmbH und war dort für die Umsetzung des Styria Media Centers verantwortlich.

DI MARTIN PRIEHSE, Mitarbeiter der Architektur Consult ZT GmbH. Projektleiter des Styria Media Centers.

Der Blick vom Park auf die
Nordseite des Styria Media Centers.

View from the park to the north
elevation of the Styria Media Center.

EIN TOWER IM PEPITA-LOOK

A TOWER DRESSED IN PEPITA

JUDITH EIBLMAYR

Das Styria Media Center ist ein Blickfang in der Grazer Dächerlandschaft. Der Bauherrnwunsch nach architektonischer Zeichenhaftigkeit, die das neue Hauptquartier des Medienkonzerns haben sollte, ist durch die spezifische Gestaltung wirkungsvoll erreicht worden. ArchitekturConsult hat einen „Flügel" geplant und in den Luftraum des Stadtteils Jakomini gestellt, der trotz seiner enormen Größe tatsächlich als schwebend wahrgenommen wird. Auch wenn die weiche Form viel Interpretationsspielraum zulässt, wie Architekt Herfried Peyker meint, kann man doch eine eindeutige Zuschreibung machen: Dieses Hochhaus besticht durch Leichtigkeit.

Erreicht wird dieser Effekt durch eine Zonierung des Baukörpers in ein im Grundriss der Grundstücksform eingepasstes, zweigeschossiges Sockelbauwerk und ein davon architektonisch abgehobenes, formal eigenständiges Hochhaus. Während der Baukörper des Sockels in V-Form durch ein Fassadenband aus schwarzgrauen Profilen und schwarz wirkendem Sonnenschutzglas beziehungsweise im Bereich der Hochgarage aus Trapezlochblech zusammengefasst wird, was eine monolithische Wirkung erzeugt, fällt am Büroturm die ausgeprägte Gliederung in der Tiefe der Fassade auf, die durch die Farbvariation in Schwarz und Weiß dem Auge des Betrachters ein abwechslungsreiches Spiel bietet. Die Ecken gerundet, die beiden Längsseiten unterschiedlich stark gekrümmt, hat der Baukörper die Form einer Radarantenne und dies ist für einen Medienkonzern eine stimmige konkrete Metapher.

Städtebaulich bietet das hohe, gerundete Gebäude den entsprechenden und ansprechenden Gegenpart zur Stadthalle mit seiner ganz auf Horizontalität setzenden, weit auskragenden und spitz zulaufenden Überdachung. Durch das neue, mit ausreichend Distanz platzierte Gegenüber scheint das Vordach räumlich gehalten und dieserart wird an der Conrad-von-Hötzendorf-Straße eine völlig neue urbane Qualität erzeugt, die gleichzeitig visuell ein „Tor zur Stadt" schafft.

Gleich hinter dem Tor wird viel Leben an den Ort kommen; das Styria Media Center wird für ungefähr 1.200 Menschen Arbeitsstätte sein und somit ein stark frequentierter Ort werden. Nicht nur Mitarbeiter und Mitarbeiterinnen, sondern auch viele Tagesgäste werden hier ein und aus gehen, über den Vorplatz zur Straßenbahn eilen, im Sommer im Gastgarten des Restaurants sitzen oder die Kinder vom Kindergarten abholen. Die Erdgeschosszone innerhalb und außerhalb des

The Styria Media Center is an eye-catching feature in the roofscape of Graz. The owners wanted their new headquarters to provide an architectural landmark and the chosen scheme is certainly a striking realisation of this goal. ArchitekturConsult designed a "sail" which, despite its enormous size, really does appear to float as it soars above the urban streets of Jakomini quarter. Its architect, Herfried Peyker, believes its "soft" form is open to many interpretations but there is one clear and particularly attractive attribute of this high-rise building: its apparent weightlessness.

This effect is achieved by dividing the structure into different volumes: a two-storey base level adapted to the contours of the site and surmounted by an architecturally autonomous tower. This V-shaped base is clad with grey-black sections and black solar-control glass panels while the integrated multi-storey car park is faced in perforated, profiled metal sheeting. The light and airy office tower is a stunning contrast to the distinct, monolithic structure at its base and the façade generates a striking interplay of black and white. With its rounded corners and the different degrees of curvature of its two long sides, the high-rise volume is shaped like a radar antenna, an apt and concrete metaphor for a media company.

In terms of urban design, the high, curved tower presents a fitting and attractive counterpart to the horizontally conceived Stadthalle with its broadly projecting, tapered roof. However, it stands sufficiently at a distance for the canopy roof to maintain its spatial integrity, giving a completely new urban character to Conrad-von-Hötzendorf-Straße and creating a visual "gateway to the city".

Plenty of life will pass through the gateway to the Styria Media Center, which will provide workplaces for about 1,200 people and become a much frequented place. Employees will be joined by lots of daily visitors to the Center, hurrying across the forecourt to catch a tram, relaxing in the restaurant garden in summer or collecting children from the nursery school. Both the external and internal areas on the ground floor offer excellent conditions and facilities for social interaction. The panoramic views from the tower's roof terrace are not available to the general public but the ground level amenities and the adjacent park, constructed at the behest of the Styria Verlag, create new social spaces for the enjoyment of the local population of Graz.

Die geschwungene Gestalt des Büroturms bietet aus jedem Blickwinkel
einen unterschiedlichen Eindruck – eine „weiche" Form im Stadtraum.

Grundriss Regelgeschoss im Büroturm.

Standard floor plan of the office tower.

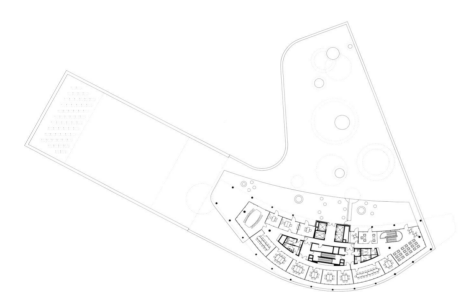

Grundriss zweites Obergeschoss, zurückgesetzt als „Fuge"
fungierend zwischen Sockelbauwerk und Büroturm.

Second floor plan, recessed to function as a "joint"
between the base structure and the office tower.

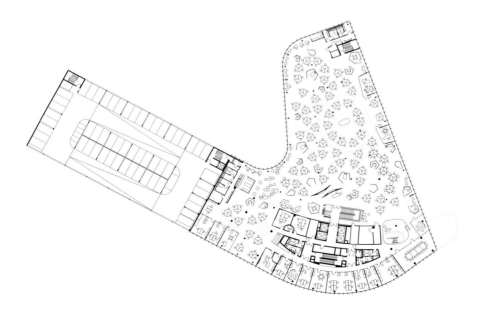

Grundriss erstes Obergeschoss, Möblierungsplan.
Innenraumgestaltung des Newsroom durch IDFL,
Sandra Banfi & Iztok Lemajic, Ljubljana.

First floor plan with furnishings.
Interior design of the newsroom by IDFL,
Sandra Banfi & Iztok Lemajic, Ljubljana.

0   10   50m

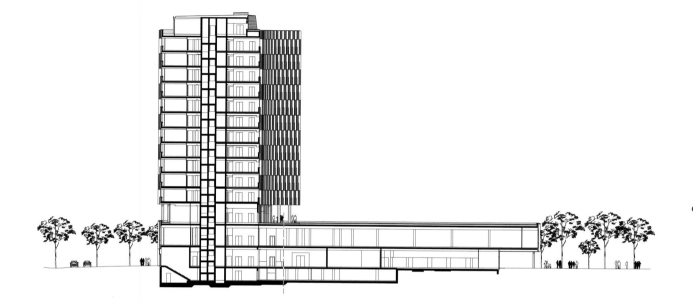

Schnitt Süd-Nord
durch Sockelgeschoss
und Büroturm.

South-north section
through base level and
office tower.

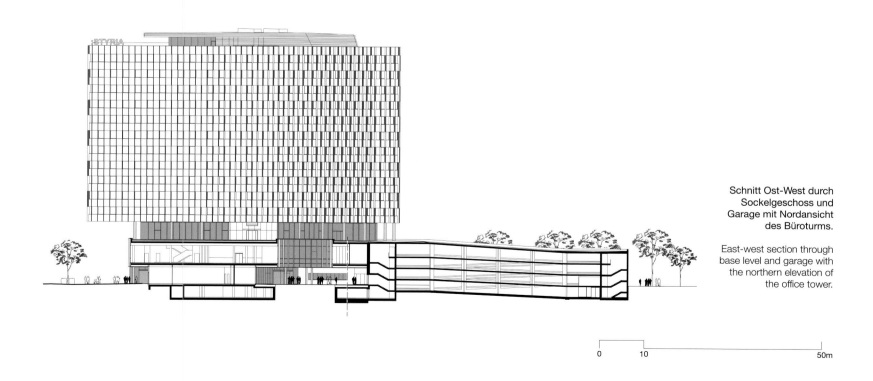

Schnitt Ost-West durch
Sockelgeschoss und
Garage mit Nordansicht
des Büroturms.

East-west section through
base level and garage with
the northern elevation of
the office tower.

0   10   50m

EIN TOWER IM PEPITA-LOOK
A TOWER DRESSED IN PEPITA

Gebäudes bietet wichtige Einrichtungen des sozialen Austauschs, was gute Voraussetzungen für das Funktionieren des sozialen Raums sind. Auch wenn die freie Aussicht von der Dachterrasse des Hochhauses nicht von der Allgemeinheit genossen werden kann, zeugt die Basis dieses Bauwerks und der anschließende, ebenfalls neu geschaffene Park vom Ansinnen des Styria-Verlags, auch für die Grazer Bevölkerung neuen Raum zu schaffen.

DAS FOYER

Man betritt das Gebäude über Loggia und Windfang und gelangt in ein helles, langgestrecktes Foyer, das auch auf der gegenüberliegenden Seite den Blick ins Freie gewährt. Rechts an einem kleinen Shop, links am Restaurant vorbei, geht man über einen hellen, fein gekörnten Terrazzoboden direkt auf die Empfangstheke zu, die vom Podest der darüberliegenden Treppe gedeckt wird. Eine intelligent kompakte, kantige Pultlösung aus weißem und schwarzem Corian, die gleichzeitig auf den Aufgang in den Newsroom im ersten Stock verweist. Die Rückwand des Pultbereichs ist in Anthrazit gehalten, die poröse Textur der Rieder Glasfaserbetonplatten bietet eine Materialvariante zur glatten, jedoch matten Oberfläche des Corian und wirkt als Nuance im Kontrast von ganz Hell und ganz Dunkel. Vis-à-vis der Längsseite des Pults ist ein Wartebereich mit vereinzelten Sitzgelegenheiten möbliert, der im Bedarfsfall mit einer Vortragsbestuhlung und einem Podium umdefiniert werden kann. Im Zusammenspiel mit dem Restaurant ist dieser Bereich für hausinterne Veranstaltungen wie Diskussionen, Lesungen oder Vorträge vorgesehen, die Publikum ins Haus bringen sollen. Öffentlichkeitswirksam ist hier in der Lobby zweifelsohne auch die Medienwand, die planerisch integriert wurde und als medientechnische, künstlerische Intervention vom Ars Electronica Center Linz bespielt werden wird.

Durch das Foyer hindurch gelangt man auf der anderen Seite wieder ins Freie, in einen überdachten Außenraum und weiter in den öffentlichen Park, der auf der verbleibenden Grundstücksfläche angelegt wurde. Genau in der Blickachse beim Verlassen des Gebäudes liegt der Kirchturm der Josefskirche, links wird der Park von der Hochgarage, die ihn zu den Bahngleisen hin abschottet, rechts von Wohnbauten begrenzt, ein urbaner Freiraum, der für die Allgemeinheit identitätsstiftenden Charakter hat.

THE FOYER

The building is entered via a loggia and porch leading into a long, bright foyer with open views to the exterior on both sides. On the right is a little shop and to the left, past the restaurant, across a light, fine-textured terrazzo floor, is the reception desk situated beneath the landing of the staircase above: a clever, compact, angular desking solution in black and white Corian which also gives access to the staircase up to the newsroom on the first floor. The rear wall of the desk area is in anthracite. The porous texture of the Rieder glassfibre cladding offers a contrast to the smooth but matt Corian surface and is effective as a gradation between very light and very dark. Facing the long side of the desk is a waiting area furnished with individual seats which, if necessary, can be reconfigured to provide a podium and suitable lecture seating. Together with the restaurant, this area can be used for in-house events including debates, lectures or presentations and should also bring the public into the building. Another public attraction in the lobby is the media wall, an integrated design feature which will be utilised for digital and media art installations as curated by Ars Electronica Center Linz.

The rear elevation of the foyer opens on to a covered outdoor space, and the public park beyond occupies the remaining area of the plot. In direct line of vision as you leave the building is the tower of the Josefskirche. On the left the park is screened from the railway tracks by the car park and, on the right, it is flanked by residential buildings. This open space generates an urban character with which the local community can identify. Returning to the foyer, access to the upper floors is through a safety barrier. The newsroom, which takes up the whole first floor area, is reached via the staircase or its own designated lift.

Empfangspult und Haupttreppe in den Newsroom sind als ein architektonisches Element mit den Oberflächen in weißem und schwarzem Corian ausgebildet.

The reception desk and main staircase to the newsroom are designed as an architectural element with white and black Corian surfaces.

Die Haupttreppe in den Newsroom mit darunter integriertem Empfangspult, Blick zum Eingang.

The main staircase to the newsroom with the integrated reception desk below. View to the entrance.

EIN TOWER IM PEPITA-LOOK
A TOWER DRESSED IN PEPITA

Zurück im Foyer muss man, um in die oberen Stockwerke zu gelangen, durch die Sicherheitssperre gehen; neben der bereits erwähnten Treppe in den Newsroom, der sich über das ganze erste Obergeschoss erstreckt, gibt es auch einen eigenen Lift dorthin.

DER BÜROTURM

Vier weitere Aufzüge führen in den Büroturm, wobei die einzelnen Geschosse auch durch eine Stiegenanlage verbunden sind, die mehr als ein übliches Fluchttreppenhaus darstellt. Wenn man mit dem Lift hinauffährt und im 14. Obergeschoss aussteigt, wird man der eigentlichen Höhe des Gebäudes gewahr: Durch die rundum verglaste Skylobby, dem Konferenzbereich zur hauseigenen Nutzung, eröffnet sich ein großartiger Blick über die Stadt und deren Ausläufer, südlich ins Grazer Feld hinein, in den drei anderen Himmelsrichtungen in das säumende Hügelland. Eine teilweise überdachte Terrasse ist wie ein Schiffsbug Richtung Osten gerichtet und, schmäler werdend, dem zurückgesetzten Dachgeschoss, in dem größtenteils die Haustechnik untergebracht ist, vorgelagert. Abgesehen vom Weitblick ist aus dieser Perspektive der Blick „in den eigenen Garten" spannend: auf das Dach des Sockelgebäudes, das begrünt werden wird und somit das Grün der Parkfläche ergänzt, auf die Spielgeräte im Außenbereich des Kindergartens oder auf die Photovoltaikanlage am Garagendach. Man erkennt dieserart die dem Funktionskonzept innewohnenden Qualitäten, welche ArchitekturConsult mit großer Selbstverständlichkeit in die Architektur integriert und welche die Gartenarchitektin Gertraud Monsberger mit ihrer Freiraumplanung ergänzt hat.

DIE BÜROEBENEN

Einen Stock tiefer beginnen die Büroebenen, die bis ins dritte Obergeschoss hinunterreichen und auch hier spürt man sofort die qualitative Maximierung durch die architektonische Ausformung. Während der Aufzugsturm an der Nordfassade liegt, sind alle anderen Räume der Infrastruktur – Stiegenhaus, WCs und Abstellräume – im schmalen, konstruktiven Kern des Gebäudes kompakt zusammengefasst. Betont wird dies durch die Wandausbildung in Sichtbeton, als beige Hülle, die den Versorgungsblock umzieht und somit klar die Mitte des Gebäudes definiert. An diesen Innenwänden liegen die Teeküchen, die den Büroräumen zugewandt sind; alle

THE OFFICE TOWER

Four additional lifts give access to the office tower. The individual floors are also linked by a stairway which is conceived to be more than a traditional emergency exit route. It is only when you take the lift to the 14th floor that you begin to appreciate the actual height of the building. A magnificent view over the city and its environs unfolds from the fully glazed sky-lobby, which functions as an in-house conference area. To the south is the city of Graz itself. Views to north, east and west encompass the rolling countryside which surrounds it. A partially covered, tapering terrace projects like the bow of a ship, pointing east beyond the recessed top floor which houses most of the technical building utilities. Apart from the panoramic view of the local region, the "garden" from this perspective is also breathtaking: it looks out over the roof of the base level, which will be greened to complement the green of the park area, the playground outside the nursery school and the photovoltaic system installed in the car-park roof. From here you can really appreciate the quality of ArchitekturConsult's integrated functional design and the way in which it is complemented by Gertraud Monsberger's landscaping.

THE OFFICE LEVELS

The offices begin on the floor below and continue down to the third floor. Here, too, you can immediately sense how the architecture has maximised on quality. While the lift shaft is situated on the north elevation, all other infrastructural spaces (stairway, WCs and storage rooms) have been brought together in the compact structural core of the building. This is distinguished by a wall construction in fair-faced concrete, a beige cladding which sets the housekeeping block apart and thus clearly defines the middle of the building. Tea and coffee-making facilities are positioned on these inner walls facing into the offices; all work stations are orientated towards natural light. Some floors are designed as column-free, open-plan offices while others are divided into individual rooms by lightweight glass partition walls with light aluminium profiles. Thanks to the narrow dimension and slight curvature in the floor plan, every corner (speaking metaphorically as there are scarcely any corners) in this large space enjoys the best possible light conditions together with uninterrupted internal and external views. There is no wasted space in the structural design or, perhaps more accurately, the floor plan has been optimised despite the difficulties presented

Die Skylobby im Abendlicht. Der Konferenzbereich mit
Dachterrasse zur hauseigenen Nutzung.

The sky-lobby in the evening light. The conference area
with roof terrace for in-house use.

Die Skylobby dient als Konferenzbereich mit Dachterrasse und bietet aus etwa 54 Metern Höhe einen attraktiven Blick über die Stadt Graz.

The sky-lobby is used as a conference area. Its roof terrace, located at a height of some 54 metres, offers great views of the city of Graz.

EIN TOWER IM PEPITA-LOOK
A TOWER DRESSED IN PEPITA

Arbeitsplätze sind zum natürlichen Licht hin orientiert. Einzelne Etagen sind als stützenfreie Großraumbüros geplant, andere durch Leichtbau- und Glastrennwände mit zarten Aluminiumprofilen in einzelne Zimmer unterteilt. Durch die Schmalheit und die leichte Krümmung im Grundriss ist das Besondere beim Großraum, dass man in jeder Ecke – und das ist metaphorisch gesprochen, da es kaum Raumecken gibt – beste Lichtverhältnisse, Durchblick und einen ungetrübten Ausblick hat. Es gibt keinerlei Leerräume oder besser: Leerläufe in der räumlichen Durchbildung, die Grundrisslösungen scheinen trotz der schwierigen Konfiguration der Sichelform optimal umgesetzt. Durch die Krümmung wird entlang des Kernbereichs die Blickachse in den Gängen gebrochen, wodurch die enorme Länge eines Geschosses von 80 Metern nie durchgehend sichtbar ist und spürbar wird. Von den zehn Bürostockwerken sind drei fremdvermietet, allerdings an Unternehmen, die durchaus im weitesten Sinne in Zusammenhang mit der Medienarbeit stehen; die Styria Media Group ist Hauptmieter und hat im Hochhaus die Büro- und Redaktionsräumlichkeiten ihrer unterschiedlichen Medien.

Entgegen der ursprünglichen Planung, bei der das Gebäude mit einer durchgehenden Glasfassade versehen gewesen wäre, sind die Parapete massiv ausgebildet worden, was für die Arbeitsplätze eine geschütztere Atmosphäre bedeutet. Somit wird die Schwindelfreiheit der hier arbeitenden Menschen nicht auf die Probe gestellt, ist doch der Blick hinab von einem Hochhaus nicht für jeden Büroangestellten angenehm.

Das Beeindruckende an der Architektur dieses Gebäudes ist, dass jedes kleine Detail perfekt geplant und hochwertig ausgeführt ist und sich somit automatisch ein homogener Gesamteindruck ergibt. Die Raumaufteilung, die Wegführung und die Lichtführung – alles miteinander erzeugt eine wie selbstverständliche räumliche Wirkung und das ist Indiz für eine hochwertige Architektur und für eine angenehme Arbeitssituation.

Selbst die beiden parallel angeordneten, aber jeweils in sich geschlossenen Treppenhäuser bieten ein spezielles Raumerlebnis. Sie wurden nicht einfach als minderwertige Fluchttreppen geplant, sondern erzeugen durch ihre Einläufigkeit über die ganze Höhe eines Stockwerks einen dynamischen Raum. Wirksam wird dabei die Materialität, sind doch die

by the crescent-shaped configuration. The curvature breaks up the line of vision from the corridors at the core area so you never instantly see or sense the enormous 80-metre length of the floor. Of the ten office floors, three are rented out to companies which are connected with the media industry in the broader sense; the Styria Media Group is the main tenant and the tower houses the offices and editorial premises of its various media enterprises.

Compared with the original design, which featured a continuous floor-to-ceiling glass façade, the parapets are solid, creating a greater feeling of security at work stations and reducing the risk of vertigo amongst employees, as the view down from a high-rise building is perceived as unpleasant by many people.

An impressive architectural feature of this building is that every little detail has been designed to perfection and implemented to a high standard, producing an inevitably homogeneous impression overall. The internal layout, traffic routes and light distribution all work together to produce a natural sense of spaciousness, indicative of high quality architecture, and hence a pleasant working environment.

Even the two parallel but self-contained stairwells offer a unique spatial experience. The staircases, running as a single flight from one floor to the next, were not conceived simply as secondary emergency exit routes but as dynamic spaces in their own right. The materials are put to good use. Both the top and bottom surfaces of the precast stair flights are left in their "natural" beige colour which is accentuated against the white wall. The length and height of the flights, the soft texture and the warm colour of the fair-faced concrete create a pleasant, airy atmosphere and are very inviting, so it is hoped personnel will be tempted to use the stairs rather than wait for the lift to get quickly from one floor to another – an excellent example of a well-considered, tasteful architectural solution which doubles as an opportunity for a "workout" in a traditionally unimportant access area.

In the stairwell on the wall beside the doors to the individual floors is a strip of artistic signage, conceived and implemented by Ingeborg Kumpfmüller as a connecting thread and consistent guiding element. On each floor a vertical strip is part of a sentence or just a single word. The sequences add up to form leitmotifs from the Styria Verlag company philosophy, written in white script on a black background in keeping with the architects' neutral colour scheme.

Blick in ein Regelgeschoss des Büroturms.
Die Krümmung des Baukörpers erzeugt
spannende Perspektiven, die Blickachse
wird gebrochen, was die enorme Länge des
Innenraums visuell reduziert.

View of a standard floor plan in the office tower.
The curved structure of the building produces
exciting perspectives; the line of sight is broken,
which visually reduces the enormous length of
the interior space.

Blick in die möblierten Büroräumlichkeiten
im Hochhaus. Beste Lichtverhältnisse,
Durchblick und Ausblick sind für alle Arbeitsplätze gegeben. Möblierung der Büroräume
durch teamgnesda, Gnesda Real Estate &
Consulting GmbH, Wien.

View of the furnished offices in the tower. All
work stations enjoy optimum lighting conditions,
internal and external views. Offices furnished by
teamgnesda, Gnesda Real Estate & Consulting
GmbH, Vienna.

Das Leitsystem ist dem Corporate Design des Hauses angepasst und daher in Schwarz und Weiß gehalten. Der graphische Leitfaden zieht sich vertikal durch das Gebäude, pro Geschoss ist eine Sequenz hievon lesbar. Gestaltung und Leitsystem durch Ingeborg Kumpfmüller, Wien.

The signage system in black and white is in keeping with the corporate design of the company. There is a vertical thread running through the building which can be read as short sequences on each floor. Signage system and graphic design by Ingeborg Kumpfmüller, Vienna.

EIN TOWER IM PEPITA-LOOK
A TOWER DRESSED IN PEPITA

Betonfertigteile der Stiegenläufe, die in einem Stück gefertigt wurden, sowohl an der Oberseite, den Stufen, wie auch an der Untersicht „natur" belassen worden, was eine akzentuierte Farbgebung in Beige und an den Wänden in Weiß bedeutet. Die Länge und Höhe des Stiegenlaufs, die weiche Textur und der warme Farbton des Sichtbetons bieten ein angenehmes Raumklima und haben einen hohen Aufforderungscharakter: So mancher Mitarbeiter wird wohl lieber öfter die Treppe benutzen, um, treppauf oder treppab, von einem Stockwerk schnell ins nächste zu gelangen, bevor man auf einen der Aufzüge wartet. Dies ist ein gutes Beispiel, wie durch eine durchdachte architektonische Lösung bei einer vermeintlich unwichtigen Erschließungsfläche im Bürokomplex das „Workout" zwischendurch den dort Arbeitenden schmackhaft gemacht werden kann.

Neben den Zugangstüren zu den einzelnen Etagen wird im Stiegenhaus ein künstlerisches „Streiflicht" gesetzt: Das graphische Konzept von Ingeborg Kumpfmüller implementiert auch einen gedanklichen Leitfaden, der sich über alle Geschosse durchzieht und in Sequenzen lesbar ist. Pro Stockwerk ist ein Satzteil oder auch nur ein Wort in einem vertikalen Streifen an die Wand geschrieben, in Summe addieren sie sich zu verbalen Leitmotiven zur Firmenphilosophie des Styria-Verlags. Farblich ist das Leitsystem neutral gehalten, nicht färbig, sondern dem Farbkonzept der Architekten angepasst in weißer Schrift auf schwarzem Grund.

VON DER „FUGE" IN DEN NEWSROOM

Das zweite Obergeschoss springt an allen Seiten von der Fassadenebene des Turms zurück und bildet damit eine klare Trennung zwischen dem Hochhaus und dem Sockelgeschoss aus. Die Architekten haben diese Maßnahme als Fuge bezeichnet, die zwischen die beiden Bauteile gesetzt wurde, um für den Turm architektonische Leichtigkeit zu erzeugen. Die Intention dieses Kunstgriffs scheint „aufgegangen", ist doch die Fuge genau jenes Element, das die schwebende Anmutung für den Turm erklärt und ihm jegliche Plumpheit nimmt. Gleichzeitig wird eine umlaufende Loggia ausgebildet, die als überdeckter Bereich der über einem Teil des Sockelgeschosses ausgebildeten, allgemein zugänglichen Terrasse dient. Im Zwischengeschoss sind Besprechungsräume untergebracht, gedacht zur Nutzung für das ganze Haus und speziell in Ergänzung zum darunterliegenden Newsroom, der über eine

FROM THE "JOINT" TO THE NEWSROOM

The second storey is recessed from the tower façade on all sides, and thus clearly separates the high-rise building from the base level, creating an architectural impression of "weightlessness". The architects have called this feature a "joint" between the two building components. The intention of this device seems to have worked because the joint is the very element that makes the tower seem as if it is floating and takes away any feeling of heaviness. A loggia runs all the way round it, forming a covered terrace over part of the base. This mezzanine houses conference rooms intended for use by the entire company and particularly in conjunction with the newsroom below, which is directly linked to it by an internal staircase. There is also a meeting area where employees, guests and visitors to the newsroom can chat informally or stroll outside to enjoy a coffee and relax on the terrace where plastic, circular seating with integrated planters is provided. The joint is particularly important because it shows that the owner has allowed the professionals sufficient latitude to develop an architecture of the highest quality. If the owner had only been interested in maximising floor space, such a planning detail would probably never have come to fruition.

The above-mentioned staircase with its rounded landing, high, closed balustrade and brushed aluminium sheeting making it almost velvety to the touch, gives access to the "heart" of the whole complex: the newsroom. These 3,200 square metres accommodate the editorial offices of the "Kleine Zeitung" and the radio station "Antenne Steiermark" and this is where printed and online media and radio broadcasts are produced. Numerous groupings of workstations are positioned around the central newsdesk providing about 220 work spaces in this huge open-plan area. There are also individual rooms including offices, interview rooms and studios for radio recordings and films produced for online media. The newsroom is located between the straight eastern elevation on to Hötzendorf-Straße and the S-shaped, curved north-west elevation on to the park. Floor-to-ceiling glazed panelling offers plenty of natural light, reinforced

Die Verbindungstreppe zwischen Newsroom und darüberliegendem Fugengeschoss mit Besprechungsräumen und Meetingzone. Die geschlossene Brüstung ist mit gebürstetem und dadurch samtig wirkendem Aluminiumblech belegt.

The staircase linking the newsroom with the conference rooms and meeting areas in the "joint" above. The closed balustrade is clad with brushed aluminium, producing a velvety effect.

Das zweite Obergeschoss als Fuge zwischen Sockelbauwerk
und Büroturm. Hier befindet sich die teilweise überdachte
Terrasse für die MitarbeiterInnen des Hauses.

The second floor as a joint between the base level and the
office tower. It houses the partially covered terrace for use by
company employees.

1 Die Treppe als Verbindung zwischen Newsroom und Fugengeschoss.

2 Fassadenausschnitt im Bereich erstes bis drittes Obergeschoss. Das zweite Obergeschoss, ausgebildet als „Fuge" zwischen den Baukörpern, ist hier an der Südseite gut sichtbar.

3 Gang zu den Besprechungsräumen im Fugengeschoss.

4 Detail Besprechungsraum.

1 The staircase as a link between the newsroom and the joint.

2 A section of the façade between the first and third floors. The second floor, designed as a "joint" between the structures, is clearly visible on the southern elevation.

3 Corridor to the conference rooms in the joint.

4 Detail of conference room.

Das Herzstück des Gebäudes: Der Newsroom mit den Redaktionen
von der „Kleinen Zeitung" und dem Radiosender „Antenne Steiermark".
Links die Verbindungstreppe in das darüberliegende Geschoss mit
Besprechungsräumen und Meetingzone.

The heart of the building is the newsroom which accommodates the editorial
offices of the "Kleine Zeitung" and the radio station "Antenne Steiermark".
On the left is the staircase leading to the floor above which houses conference
rooms and meeting areas.

Nachtansicht der Nordseite des
Styria Media Centers.

View of the north elevation of the
Styria Media Center at night.

EIN TOWER IM PEPITA-LOOK
A TOWER DRESSED IN PEPITA

unregelmäßige Raumkonfiguration rund um den Versorgungskern ergibt sich eine klare Zonierung, es wird Eintönigkeit vermieden und Perspektivwirkung erzeugt, die den Großraum kleiner wirken lässt, als er ist. Der Wunsch der Nutzer und Nutzerinnen, wie ihn Walter Titz in seinem Vorwort formuliert hat, nach einem Platz für konzentriertes und kreatives Arbeiten und einem in jeder Hinsicht guten Klima hat in diesem Redaktionsraum gute Chancen auf Realisierung. „Room to Move" ist jedenfalls gegeben, im Großraum wie in den Rückzugsräumen.

Die zentrale Freitreppe beziehungsweise der gläserne Aufzug führen einen zurück ins Foyer, zum Ausgangspunkt des Rundgangs durch das Styria-Gebäude, und jetzt fällt der Blick auf die in die Längswand eingelassenen, vom Ars Electronica Center Linz bespielten Screens – laufende Bilder versinnbildlichen die Dynamik der medialen Produktion.

DER SOZIALE RAUM

Diese Wand ist gleichzeitig die Trennwand zu weiteren Infrastruktureinrichtungen in der Erdgeschosszone, die dem neuen Gebäude den konzeptionell erwünschten Mehrwert für die Öffentlichkeit bringen sollen. Unter dem nördlichen Teil des Newsroom ist ein von WiKi betriebener öffentlicher Kindergarten untergebracht, was nicht nur für die Mitarbeiter und Mitarbeiterinnen im Haus eine wichtige Einrichtung des täglichen Lebens ist – sofern sie Eltern von Kleinkindern sind –, sondern auch vom Willen der sozialen Durchmischung an diesem Ort zeugt. Die Tagesstätte hat mit 670 Quadratmetern eine angenehm überschaubare Größe; es sind drei Kindergarten- und Kinderkrippeneinheiten um einen dreieckigen, zentralen Foyerraum gruppiert, die Gruppenräume sind zum Außenraum hin vollflächig verglast. Der Übergang zum Spielplatz im Freien, der ein abgegrenzter Teil des Parks ist, wird wieder durch eine Loggia gebildet, um auch gedecktes Spielen im Freien möglich zu machen. Der Kindergarten, den ebenfalls die Architekten von ArchitekturConsult gestaltet haben, strahlt die gleiche Qualität von unprätentiöser Detailgenauigkeit und stilsicherer Materialwahl und Farbgebung aus, die das gesamte Bauwerk auszeichnet. Der sandfarbene Linoleumboden im mittigen Foyer, Holzböden in den Gruppenräumen und viel direktes und indirektes Licht schaffen eine warme, einladende Atmosphäre, wo man die Kleinen auch räumlich gut aufgehoben weiß.

THE SOCIAL SPACE

This wall also acts as a partition, separating the space from other infrastructure on the ground floor designed to enhance the building and attract the public. Below the northern end of the newsroom is a public nursery school operated by WiKi, and an important facility not only in the daily lives of company employees with small children but also as a venue for social interaction on this site. The 670-square-metre day centre is a pleasantly manageable area. There are three nursery and crèche units arranged around a triangular central foyer. The "classrooms" are fully glazed to the outside. The open-air playground, which is an enclosed area of the park, is accessed via a loggia which doubles as a covered outdoor play area. The nursery school, also designed by architects from ArchitekturConsult, radiates the same quality of unpretentious attention to detail and an assured sense of style in the choice of materials and colour specification that distinguishes the whole building. The sand-coloured linoleum floor in the central foyer, wooden floors in the classrooms and lots of direct and indirect light create a warm, inviting and spacious atmosphere for the little ones.

To the right of the main entrance into the Styria Media Center is a branch of the Raiffeisenbank, another practical service facility for daily needs. On the left is the restaurant which serves the employees as a canteen but is also open to the public whether or not cultural events are scheduled. The restaurant garden is a relaxing place to sit and watch the world go by – essential for those who work in a media environment. So, the forecourt also has a function in keeping with a building dedicated to publishing and media.

As a rear extension to the building is the multi-storey car park, accessible from the covered outer area of the foyer, which provides parking for cars and motorbikes but also has a designated level for bicycles. The parking bays are approached via ramps and landings, obviating the need for entrance and exit ramps: an intelligent solution which saves both space and money and even turns the garage into a dynamic space. The structure is linked to the façade with profiled, perforated metal sheeting. The profiled sheeting also produces the appearance of depth and gives the façade visual interest. The garage is naturally ventilated and so seems brighter and more open – a clear advantage over an underground car park.

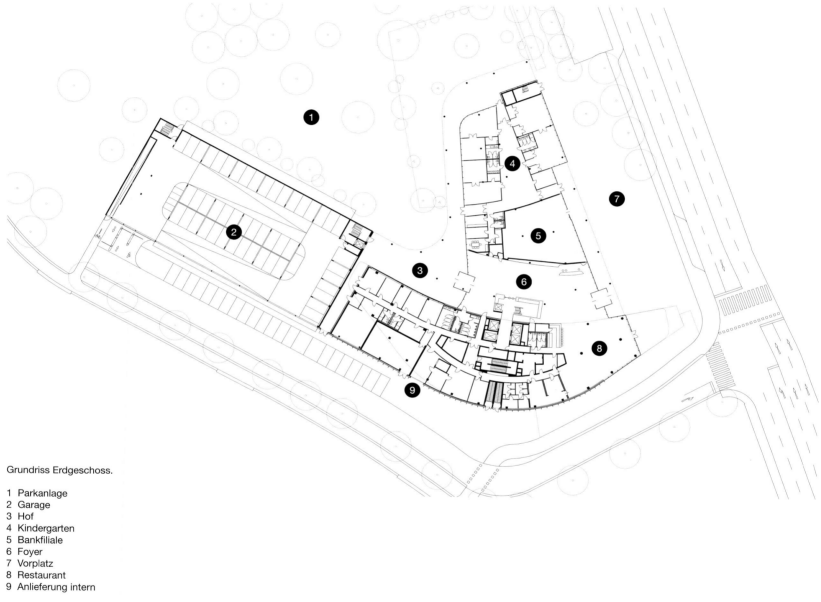

Grundriss Erdgeschoss.

1 Parkanlage
2 Garage
3 Hof
4 Kindergarten
5 Bankfiliale
6 Foyer
7 Vorplatz
8 Restaurant
9 Anlieferung intern

Ground floor plan.

1 Park
2 Garage
3 Courtyard
4 Nursery school
5 Bank
6 Foyer
7 Forecourt
8 Restaurant
9 Internal deliveries

0   10   50m

Die Schauseite des Sockelbaukörpers mit dem Newsroom
zur Conrad-von-Hötzendorf-Straße hin. Die dazu quer
gestellte, leicht geschwungene Scheibe des Hochhauses
kragt über dem Vorplatz aus.

View of the base level and newsroom from Conrad-von-
Hötzendorf-Straße. The lightly curved face of the tower
projects at right angles over the forecourt.

1

2

3

4

1/2/3 Der Eingangsbereich ins Styria Media Center; über eine breit ausgebildete Loggia im Erdgeschoss ist ein gedeckter Zugang möglich. Gleich neben dem Eingang liegt das Restaurant, das bei öffentlichen Veranstaltungen wie Vorträgen oder Diskussionen dem Foyerbereich räumlich zugeschaltet werden kann. Innenraumgestaltung des Restaurants durch Limit architects, Wien.

1/2/3 The entrance to the Styria Media Center, covered by the projecting loggia on the ground floor. The restaurant immediately adjacent to the entrance can be linked to the foyer area during public events such as lectures or debates. Interior design of the restaurant by Limit architects, Vienna.

4 Der Blick vom Park auf die Nordseite des Styria Media Centers. Im Vordergrund der Spielplatz des Kindergartens, darüber die Fassade des Newsroom. Dahinter erhebt sich der schildartige Büroturm – ein Tower hochwertiger Architektur.

4 View from the park to the north elevation of the Styria Media Center. In the foreground is the nursery school play area, and above is the façade of the newsroom surmounted by the shield-like office tower – a tower of high-quality architecture.

1

2

3

4

Der Kindergarten, gestaltet von ArchitekturConsult.

1 Der Bewegungsraum mit Blick auf den Vorplatz an der Conrad-von Hötzendorf-Straße.

2 Ein Gruppenraum mit hellem, freundlichen Ambiente.

3 Der Nassbereich für ganz kleine und kleine Kinder.

4 Oberlichtverglasungen bringen möglichst viel Tageslicht in den zentralen Foyerraum des Kindergartens.

The nursery school, designed by ArchitekturConsult.

1 The activities' room with a view across the forecourt to Conrad-von Hötzendorf-Straße.

2 A classroom with its bright, friendly atmosphere.

3 The wet area for infants and small children.

4 Glazed skylights allow as much daylight as possible to flood the central foyer area of the nursery school.

Ein Gruppenraum des
Kindergartens mit ungehindertem
Blick in den Park.

A nursery school classroom
with an unobstructed view
of the park.

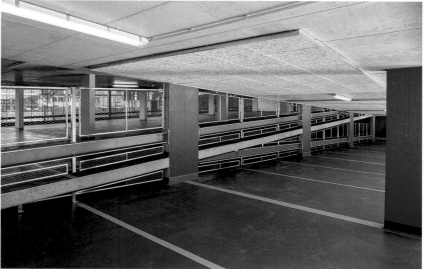

Die Hochgarage in Verlängerung des
Sockelgeschosses an der Bahnstraße.

The multi-storey car park as an extension
of the base level in Bahnstraße.

EIN TOWER IM PEPITA-LOOK
A TOWER DRESSED IN PEPITA

Rechts vom Haupteingang in das Styria Media Center ist die Raiffeisenbank mit einer Bankstelle eingemietet, auch dies eine praktische Serviceeinrichtung des täglichen Bedarfs. Auf der linken Seite befindet sich das Restaurant, das den Mitarbeitern als Kantine dient, aber genauso für die Öffentlichkeit zugänglich ist, nicht nur bei den beschriebenen geplanten Kulturveranstaltungen. Der Gastgarten wird ein spannender Platz zum Sitzen sein, um urbanes Geschehen aus nächster Nähe zu beobachten, auch das eine wichtige Aufgabe aktueller Medien, und somit eine im Zusammenhang mit dem Verlagsgebäude stimmige Funktionalisierung des Vorplatzes.

An der Hinterseite des Grundstücks, in Verlängerung des Gebäudes, liegt die Hochgarage, die über den gedeckten Außenbereich des Foyers zugänglich ist. Hier gibt es nicht nur PKW- und Motorradstellplätze, sondern auch eine eigene Ebene als Fahrradgarage. Die Parkebenen sind als Rampen mit Podesten ausgebildet, wodurch man sich eine Auf- und Abfahrtsrampe erspart, eine intelligente Lösung, die Platz und Geld spart und selbst der Garage ein dynamisches Moment verleiht. Der Baukörper ist zur Fassadenbildung mit einem Trapezblech mit runder Lochung geschlossen, was durch die Kantung des Blechs wiederum Tiefenwirkung und ein optisches Spiel an der Fassade erzeugt. Gleichzeitig wird die Garage ständig be- und entlüftet und wirkt so heller und offener – auch dies sind deutliche Vorteile gegenüber einer Tiefgarage.

DER „SCHILD" UND SEINE FASSADE

Der Mehrwert, den ein Hochhaus für die Allgemeinheit schafft, liegt in der Objekthaftigkeit, die unweigerlich die Blicke auf sich zieht. Ob man will oder nicht, wird dieses in die Höhe ragende, die restliche Bebauung überragende Bauwerk ins Blickfeld gerückt – ob es denn auch hervorragend ist, kann erst am fertigen Gebäude ausgemacht werden. Ein Hochhaus als Symbol wirtschaftlicher Macht ist nicht unbedingt Sympathieträger in der Bevölkerung, es will Großes und exponiert sich in besonderem Maße der öffentlichen Beurteilung. „Der Architektur kann keiner entrinnen", nannte die große österreichische Architektin Margarete Schütte-Lihotzky dieses Phänomen. Wenn nun ein Hochhaus vorwiegend positiv beurteilt wird, dann spricht dies eindeutig für die Architektur, dann ist es Bauherren und Architekten offensichtlich gelungen, die Wertigkeit dieses Bauwerks richtig darzustellen. Beim Styria

THE "SHIELD" AND ITS FAÇADE

The added value a high-rise building creates for the local community lies in its quality as an object, which inevitably draws the eye. Like it or not, it soars upwards, towering over all other buildings, and thrusting itself into the spotlight. It stands out, but whether it is an outstanding building can only be judged when it is completed. A high-rise structure as a symbol of economic power will not necessarily arouse much affection in the local population. It's an attention-seeker, inviting public scrutiny. "No-one can escape architecture," asserts the great Austrian architect Margarete Schütte-Lihotzky with regard to this phenomenon. If a high-rise meets with a positive reaction, then this clearly speaks in favour of the architecture; the owner of the building and the architects have obviously succeeded in allowing the quality of the building to shine through. This is exactly so in the case of the Styria Media Center, thanks not only to its "soft form" (Peyker), but also to the materials used and the structure of the façade.

The original design featured a continuous glass façade divided by a grid-like latticework. However, to save costs and because the load-bearing structure originally proposed for the tower would have been relatively time-consuming to install, it was decided to use a curtain wall facing with strip windows. By using solid parapets as bearing components in the support structure, construction could be substantially simplified and became less expensive. The window level is clearly recessed from the outer edge of the parapet, which automatically produces a profiled façade. This recess also accommodates the venetian blind casing so, when raised, the external sun shade device is well protected and invisible. The pilaster strips, mounted externally to provide wind and rain protection, are the real "show-stoppers", producing a visual colour variation from the darkest "black-grey" to the lightest "telegrey" and thus avoiding any impression of

Die aufgesetzten Lisenen in Schwarz und Weiß dienen nicht nur als Wind- und Wetterschutz. Durch die Krümmung der Fassade entsteht ein dynamisches Moment, das schwarz-weiße Muster erzeugt einen „Pepita-Effekt."

The superimposed pilaster strips in black and white not only provide weather protection. Thanks to the curved façade, the black-white pattern creates a dynamic "pepita effect".

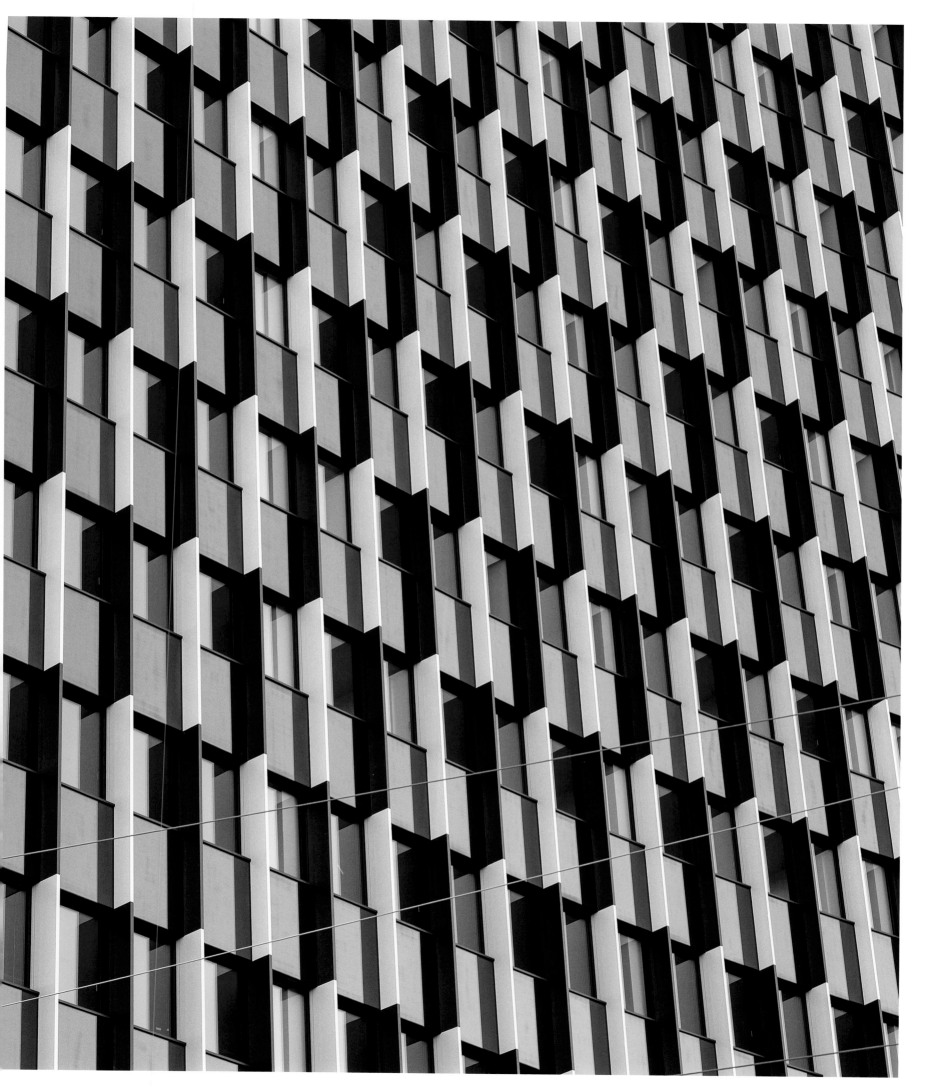

Die Fuge zwischen Sockelbauwerk und Büroturm, Blick auf die konvex geformte Südfassade: Das zweite Obergeschoss wurde bewusst zurückversetzt, um die beiden Baukörper optisch voneinander zu trennen.

The joint between the base level and the office tower. View of the convex southern façade: the second floor was deliberately recessed to provide a visual separation between the two structures.

1 Blick zum gedeckten Außenbereich des parkseitigen Ausgangs vom Foyer und auf die raumhohe Verglasung des Newsroom.

1 View to the covered external area from the foyer exit to the park, and to the full-height windows of the newsroom.

2 Die schwarz-weißen Lisenen bieten ein Wechselspiel für das Auge, wodurch Starre und Eintönigkeit bei der Fassade vermieden wird.

2 The black and white pilaster strips provide visual interest and remove any impression of rigidity and monotony from the façade.

Media Center ist genau das der Fall und daran ist nicht nur seine „weiche Form" (Peyker) beteiligt, sondern auch die Materialität und Ausbildung der Fassade.

Im ersten Entwurf war eine durchgehende Glasfassade vorgesehen, die durch eine gitterrostartige Rasterung geteilt war. Im Zuge von Einsparungsüberlegungen wurde bei der vorgehängten Glasfassade angesetzt, auch weil durch die anfänglich geplante Ausformung die Tragstruktur des Turms relativ aufwändig war. Durch die Implementierung von geschlossenen Parapeten als mittragende Teile des Traggerüsts konnte dieses wesentlich vereinfacht werden, was sich günstig auf die Kosten auswirkte. Die Fensterebene wurde gegenüber der Außenkante der Brüstung deutlich nach innen verlegt, wodurch sich automatisch eine Profilierung der Fassade ergab. Dieser Rücksprung diente auch dazu, die Raffstorekästen hinter der Parapetverglasung zu integrieren; so ist der außenliegende Sonnenschutz im geöffneten Zustand gut geschützt und nicht sichtbar. Den „Clou" bilden allerdings die aufgesetzten Lisenen, die einen Wind- und Wetterschutz bieten. Optisch erzeugen sie durch die in der Höhe abwechselnde Farbgebung in „Schwarzgrau", möglichst dunkel, und „Telegrau", möglichst hell, ein Wechselspiel für´s Auge, das der Außenhaut jegliche Starre und Eintönigkeit nimmt. Der Farbwechsel findet nicht nur an einer Lisene selbst und pro Stockwerk statt, sondern durch eine versetzte Farbgebung der nebeneinanderliegenden, mit 6 Zentimetern schmal dimensionierten, aber bis zu 35 Zentimeter vor die Fassade ragenden Schwerter. Durch die Rundung des Baukörpers und die südseitig konvexe und nordseitig konkave Krümmung wird die Fassade einem dynamischen Moment unterworfen, ohne dass man sich selbst bewegen muss. Ein Blick hinauf genügt, wenn man in unmittelbarer Nähe des Gebäudes steht, um ein schwarz-weißes Muster entstehen zu lassen, was man – um die „weiche Form" noch einmal zu zitieren – als „Pepita-Effekt" bezeichnen kann. Diese Konnotation passt ebenso zur Anmutung einer zeitlosen Moderne, die immer schon klare Strukturen zu konstruieren und diese gleichzeitig durch ein spannendes Moment, zum Beispiel ein Muster, zu brechen wusste.

Die Tiefenwirkung, die durch die Schwerter und die Krümmung an der Fassade erzeugt wird, ist auch dafür verantwortlich, dass das Gebäude, aus der Nähe betrachtet, niedriger wirkt, als es ist. Aus keinem Blickwinkel heraus hat man das

rigidity or monotony. This colour variation of the pilaster strips on each storey is continued by the staggered 6-centimetre-wide struts which project up to 35 centimetres from the façade. Stand still and the rounded corners, the convex curvature on the south and concave curvature on the north elevation gives the façade a dynamic twist. Stand close to the building, glance upwards and a black-and-white pattern, almost like a hounds-tooth check (Pepita) emerges – another reference to "soft form". This connotation fits equally well with a timeless modern trend towards simple structures that are punctuated by an exciting feature: a pattern, for example.

Close up, the effect of depth, created both by the struts and the curvature of the façade, also makes the building seem lower than it is. Whatever the viewing angle, you never have the feeling of an unpleasantly high building, even if you are standing directly beneath it. If anything, you feel "protected", a feeling enhanced by its well-balanced proportions and lack of pretention. When viewed from a greater distance, the building takes on the perfect form of a shield with a uniform, latticed surface. It twists and turns but never looks out of place in the cityscape. In common parlance: it looks good!

THE GATEWAY TO AN URBAN UPGRADE

On the subject of turning, the slight rotation of the office tower was also the suggestion of the Architectural Consulting Committee in Graz. Originally, the tower stood square onto Conrad-von-Hötzendorf-Straße facing in the direction of the city. When one of the architects suggested a slight turn of 20 degrees to the left, the south elevation from this perspective was visually reduced and the narrow eastern elevation of the building was no longer aimed directly at the roof of the Stadthalle. It now looked much more like a "shield" standing protectively in front of the Stadthalle roof, and the way in which the two components complemented each other spatially created the impression of the "gateway to the city".

A new space was defined between the two buildings; a meeting point and a hub for the neighbouring residential quarter. This square could become a new centre. The newsroom of the Styria Media Center will certainly be in full production both night and day. The task of the Styria Media Group to keep its finger on the pulse and communicate constantly online requires the best possible working conditions. Architects Hermann Eisenköck

Gefühl einer unangenehmen Höhe – selbst wenn man direkt drunter steht. Es wirkt eher schützend, weil stimmig in der Dimensionierung, und adäquat, weil nicht protzig in der Ausführung. Mit mehr Distanz betrachtet, stellt sich der Bau als wohlgeformter Schild mit einer homogenen, gerasterten Oberfläche dar. Wie man diesen auch dreht und wendet, er wirkt nie als Fremdkörper im Stadtbild, als Laie könnte man sagen: Er macht sich gut!

DAS TOR ZU URBANEM MEHRWERT

À propos drehen: Eine leichte Drehung des Büroturms war auch das Ergebnis der Stellungnahme des Fachbeirats für Baukultur Graz zu dem vorgelegten Projekt. Ursprünglich stand der Turm mit der Breitseite normal auf die Hauptblickrichtung von der Conrad-von-Hötzendorf-Straße stadteinwärts. Durch eine von den Architekten vorgeschlagene Linksdrehung des Baukörpers um 20 Grad wurde einerseits die Südfront aus dieser Perspektive optisch verkürzt, andererseits zielte der Baukörper mit seiner östlichen Schmalseite nicht mehr direkt auf das Dach der Stadthalle. Jetzt wirkt es vielmehr so, als ob der „Schild" schützend vor dem Stadthallendach steht, und in der räumlichen Ergänzung entwickeln die beiden Bauteile die erwähnte Wirkung vom „Tor zur Stadt".

Zwischen den beiden Gebäuden wird ein neuer Platz definiert, auch ein Treffpunkt und Verteiler für das anschließende Wohnviertel. Dieser Platz könnte zu einem neuen Zentrum werden, wird doch im Newsroom des Styria Media Centers Tag und Nacht Betrieb sein. Mit der Verpflichtung der Medien, am Puls der Zeit zu kommunizieren, sprich online zu sein, ging bei der Styria Media Group der Wunsch einher, hierfür optimale Arbeitsbedingungen zu schaffen. Die Architekten Hermann Eisenköck und Herfried Peyker von ArchitekturConsult mit ihrem Projektleiter Martin Priehse und seinem Planungsteam haben mit der gelungenen Planung die architektonische Entsprechung für diese Nutzererfordernisse gefunden: Funktional, formal und auf Energieeffizienz bedacht. Das Hochhaus des Styria Media Centers setzt mit seiner Planung auf Nachhaltigkeit im städtischen Gefüge und präsentiert sich – um auf das Radarantennenmotiv zurückzukommen – als ein Tower hochwertiger Architektur.

and Herfried Peyker of ArchitekturConsult with their project manager, Martin Priehse, and his planning team have found the perfect architectural solution to satisfy these user requirements in terms of function, design and energy efficiency. The Styria Media Center's high-rise "radar antenna" was designed to integrate urban sustainability in a tower of high architectural quality.

ORIENTIERT AM MENSCHEN: STYRIA MEDIA GROUP FOR THE PEOPLE: STYRIA MEDIA GROUP

MATTHIAS OPIS

Die Styria Media Group ist mit rund 3.000 Mitarbeitenden einer der führenden Medienkonzerne in Österreich, Kroatien und Slowenien. Zur Unternehmensgruppe Styria gehören acht Tages- und über 130 Wochenzeitungen, zahlreiche Magazine und sechs Buchverlage, zwei Radiosender und die Beteiligung an einem TV-Sender. Im digitalen Bereich betreibt die Styria Media Group sechs Newsportale, sieben Kleinanzeigen-Portale und 25 Content- und Communityportale (Stand: Februar 2015).

Die Geschichte des Unternehmens Styria begann mit der Gründung des „Katholischen Preßvereins" im September 1869 in Graz. Im brisanten Umfeld des Kulturkampfs wagten steirische Katholiken die Initiative zu einer eigenen, modernen Medienarbeit. Mit ihren Zeitungen, Zeitschriften und Büchern trug die Styria in der Folge zur politischen und geistigen Emanzipation vieler Menschen bei.

Einen besonderen Meilenstein in der Unternehmensgeschichte stellte die Gründung der „Kleinen Zeitung" im Jahr 1904 dar. Sie wurde als Tagblatt für eine breite Masse konzipiert und suchte die Nähe zu den Menschen, ganz unabhängig von ihrer sozialen Herkunft und religiösen oder politischen Gesinnung. Der Erfolg gab dieser Idee Recht, denn schnell avancierte die „Kleine Zeitung" zur meistgelesenen Tageszeitung in ihrem Verbreitungsgebiet.

Die Geschichte der Styria wurde durch die politischen Umbrüche der Jahre 1918 und 1938 gebremst und gebrochen, aber nicht beendet. 1945 übernahmen die rechtmäßigen Eigentümer wieder die Führung des Unternehmens, ab 1948 konnte die „Kleine Zeitung" wieder erscheinen. Im Buchhandel profilierte sich die Styria als Verlag der „mutigen Bücher". Wichtige Etappen der weiteren Unternehmensentwicklung waren 1976 die Mehrheitsübernahme der Qualitätswochenzeitung „Die Furche" und 1991 die Mehrheitsübernahme der Qualitätstageszeitung „Die Presse".

Ab Mitte der 1990er Jahre wurde das klassische Druck- und Verlagshaus Styria in ein modernes Medienunternehmen umgebaut und neu aufgestellt. 1997 schuf die Umwandlung in eine Aktiengesellschaft dafür geeignete, zeitgemäße Strukturen. 2001 setzte die Styria mit der Übernahme der größten kroatischen Tageszeitung „Večernji list" den ersten Schritt in den internationalen Markt, dem weitere Unternehmens-

The Styria Media Group, with about 3,000 employees, is one of the leading media concerns in Austria, Croatia and Slovenia. The Styria Group includes eight daily and more than 130 weekly newspapers, numerous magazines, six book publishers, two radio stations and a stake in a TV station. In the digital market, the Styria Media Group operates six news portals, seven classified ad and 25 content and community portals (position as in February 2015).

The history of Styria began in Graz in September 1869 with the founding of the "Catholic Press Association". In the explosive environment of a culture war, Styrian Catholics dared to establish their own modern media initiative. Styria consequently contributed to the political and intellectual emancipation of many people through its newspapers, magazines and books.

The foundation of the "Kleine Zeitung" in 1904 represented a particular milestone in the company's history. It was conceived as a daily paper for a broad mass of population and endeavoured to appeal to people regardless of their social provenance or their religious and political orientation. This was a concept soon vindicated by the success of the paper and the "Kleine Zeitung" quickly became the most read daily newspaper in its area of distribution.

The history of Styria was shackled and broken (but not ended) by the political upheavals of 1918 and 1938. In 1945 the rightful owners again took up the reins of management and from 1948 the "Kleine Zeitung" appeared once more. In the book trade, Styria was renowned as the publisher of "courageous books". Important steps in the company's ongoing development took place with the acquisition of majority holdings in 1976 in the quality weekly newspaper, "Die Furche" and, in 1991, in the quality daily newspaper, "Die Presse".

From the middle of the 1990s the traditional Styria printing and publishing house was re-organised into a modern media enterprise, creating suitable, modern structures for its transformation into a limited company in 1997. In 2001 Styria took over the biggest Croatian daily newspaper, "Večernji list", thereby taking its first step into the international market. Further company formations, acquisitions and shareholdings followed in south-east Europe and Austria.

The history of Styria shows that the challenges of the future have always provoked change and even new beginnings. Intel-

gründungen, Akquisitionen und Beteiligungen in Südosteuropa und Österreich folgten.

Die Geschichte der Styria zeigt, dass die Herausforderungen der jeweiligen Zukunft immer wieder Veränderungen, ja Neuanfänge provoziert haben. Konstruktiv und kreativ im Geistigen, intelligent und verantwortungsbewusst im Ökonomischen, offensiv und reflektiert im Unternehmerischen. Konstant geblieben ist dabei das Wertefundament, die Ausrichtung am Menschen und seiner Würde.

MATTHIAS OPIS, Unternehmenshistoriker und stellvertretender Leiter der Abteilung „Communication & Coordination" der Styria Media Group.

lectually constructive and creative, economically intelligent and responsible, commercially pro-active and insightful, the fundamental value of Styria remains constant: its orientation towards people and human dignity.

MATTHIAS OPIS, Company historian and deputy manager of the department of "Communication & Coordination" at the Styria Media Group.

EIN OFFENSIVER DISKURS FÜR DIE STADT GRAZ

A PRO-ACTIVE ARGUMENT FOR THE CITY OF GRAZ

RÜDIGER LAINER

Der Fachbeirat für Baukultur Graz ist ein 2011 neu eingerichtetes Gremium, das mit externen Fachleuten aus den Bereichen Architektur und Städtebau besetzt ist und bei größeren Bauprojekten außerhalb der Altstadtschutzzone Stellung bezieht. Die Angelobung der ersten Mitglieder erfolgte im November 2011. Seit Jänner 2012 tagt der FBR alle zwei Monate, überprüft die vorgestellten Projekte auf deren Auswirkungen auf Stadtstruktur, Nachhaltigkeit und Stadtgestaltung und hat dann grundsätzlich die Möglichkeit defensiv oder offensiv zu agieren. Defensiv bedeutet in diesem Kontext, absehbare Fehlentwicklungen zu verhindern suchen und Impulse für stadtverträgliche Lösungen zu geben. Offensiv Handeln hingegen bedeutet bei Projekten mit hohem Qualitätsanspruch in einen erweiterten Dialog zu treten. Damit kann die definitive Lösung gleichsam aus einem dialektisch erweiterten Spektrum herausgearbeitet werden. Die Anreicherung eines komplexen Themas mit unterschiedlichen, qualifizierten Sichtweisen ist ein sowohl in Wissenschaft wie Architektur erprobter Ansatz und kann zu einer Schärfung des Grundgedankens führen.

Das Styria Media Center war eines der ersten großen und stadtstrukturell bestimmenden Projekte, mit denen der Grazer Beirat für Baukultur im Jahr 2012 befasst war. Es war ein ambitioniertes, großmaßstäbliches Bauvorhaben, das im Zusammenwirken mit der gegenüberliegenden Grazer Stadthalle ein prägnantes Tor zur Stadt darstellt. Der Dialog zur Feinabstimmung des Hochhauses war ein vielschichtiger, diskutiert wurden städtebauliche Fragen wie die Drehung des hohen Baukörpers, Überlegungen zur Materialwahl und zur optischen Durchlässigkeit des Gebäudes, bis hin zur übergreifenden Gestaltung der vielfältigen Freiräume. Nach anfänglicher Irritation wurde klar, dass der Beirat nicht als selbstgefälliger Korrektor handeln, sondern versuchen soll, im Diskurs die dem Projekt immanenten Qualitäten zu „stimulieren". Sowohl Bauherren wie Architekten haben sich diesem offensiven Diskussionsansatz geöffnet und ein besonderes Gebäude geschaffen, das die Verantwortung gegenüber der Stadt wahrnimmt. Dies bedeutet Freude für einen Gestaltungsbeirat, da somit dessen Arbeit Sinn macht.

RÜDIGER LAINER, freischaffender Architekt, Vorsitzender des Fachbeirats für Stadtplanung und Stadtgestaltung Wien und des Fachbeirats für Baukultur in Graz.

The Architectural Consulting Committee for the development of Graz, a new body formed in 2011, comprises specialists from the fields of architecture and urban development who will evaluate larger-scale building projects outside the protected Old Town district. The first members were appointed in November 2011. Since January 2012, the Committee has met every two months to assess the qualities of proposed projects with regard to sustainability, urban design and the effect they will have on the structure of the city, and in order to establish and take either a reactive or pro-active stance.

In this context, a reactive approach is an attempt to prevent potentially detrimental developments and propose solutions compatible with the city. A pro-active response, on the other hand, is one which broadens the debate with regard to projects of high quality. Decisions are examined from various perspectives and a definitive solution formulated from an equally wide spectrum of opinion. The expansion of a complex topic to include various expert viewpoints is a proven tactic in both science and architecture and can bring the fundamental ideas into sharper focus. The Styria Media Center was one of the first major urban initiatives with which the Graz Architectural Consulting Committee was involved in 2012. It was an ambitious, large-scale building project which, together with its architectural counterpart, the Graz Stadthalle, forms an impressive gateway to the city. The fine-tuning of this high-rise scheme was a multi-layered process. Questions arising from its architectural features were discussed such as the rotation and positioning of the high building, the choice of building materials, the visual transmissivity of the building and the overall design of multi-purpose open spaces. After a few initial teething troubles, it became clear that the role of the Committee would not be that of an overbearing censor but rather that of a facilitator attempting to "bring out" the intrinsic qualities of the project through discussion. Both owners and architects contributed towards such a pro-active discourse and created a special building compatible with the city, making the work of a consulting committee both gratifying and meaningful.

RÜDIGER LAINER, architect, Chairman of the Advisory Committee for Urban Planning and Design in Vienna and of the Architectural Consulting Committee in Graz.

Blick von Nordwesten vom Park her auf das
Styria Media Center; links das Sockelbauwerk
und rechts die Hochgarage. Der mittige
Büroturm als wohlgeformter „Schild" ist kein
Fremdkörper im Stadtbild.

View from the north-west from the park to the
Styria Media Center; on the left is the base
level and on the right the multi-storey car park.
The central office tower as a perfectly formed
"shield" does not look out of place in the
cityscape.

DIE FREIRAUMPLANUNG LANDSCAPE DESIGN

JUDITH EIBLMAYR

FARBSPRITZER FÜR DIE BEHAGLICHKEIT

Die professionelle Planung des Außenbereichs bildet einen wesentlichen Bestandteil der Architektur. Beim Styria Media Center waren nicht nur die direkt zum Gebäude gehörigen Freiräume zu gestalten, sondern auch der neue Park, der für die Anrainer eine Grünoase im dicht bebauten Gebiet bedeuten wird. Die Grazer Landschaftsplanerin Gertraud Monsberger, die für den Entwurf verantwortlich war, hat an den Eingangsbereichen von den Straßen her kleine Plätze mit Sitzgelegenheiten unter Platanen und einen Hauptweg für Fußgänger und Radfahrer geplant. Geschützt mitten im Park und von Bäumen gesäumt bleibt eine Rasenfläche für Spiel und Sport frei, ein Aufgreifen der früheren Nutzung als Sportplatz an diesem Ort. Eine leichte Modellierung des Geländes, Einzelbäume und Sträuchergruppen bilden Bereiche für Kinderspielgeräte und Sitzmöbel.

Ein Teil des Parks ist dem Kindergarten zugeordnet und durch einen begrünten Zaun abgetrennt. Südlich des Gebäudes bis in die Obere Bahngasse hinein ist eine Baumreihe gepflanzt. Der Vorplatz ist urban geprägt. Der Bereich vor dem Eingang ins Gebäude bleibt unverstellt, ist mit einem einheitlichen Belag versehen und wird durch ein Fontänenfeld aufgewertet. Beim Kindergarten grenzt eine Baumreihe zur Conrad-von-Hötzendorf-Straße hin ab und schafft somit einen gut dimensionierten Außenraum. Hier kann man auf einer der Sitzbänke Platz nehmen oder sein Fahrrad auf einem der überdachten Abstellplätze parken, ein kleines Blumenfeld bringt in der warmen Jahreszeit Färbigkeit in den Straßenraum.

„Farbspritzer" nennt Monsberger diese Bepflanzungen, die sie auf der Mitarbeiterterrasse zum Park hin und auf jener im zweiten Obergeschoss verteilt. Auf Holzbelag werden bunte Rundmöbel aus Kunststoff mit mittigen Pflanzentrögen aufgestellt, wo mit unterschiedlichen Pflanzen färbige Akzente gesetzt werden. Ein Gegenpart dazu wird die extensive Begrünung des Flachdachs in Heidefarben sein. Der Bezug zur Natur ist ein menschliches Grundbedürfnis und ein wesentliches Element, um sich in einem Gebäude wohlzufühlen. Eine abgestimmte Freiraumplanung durch einen ausreichend dimensionierten und schön gestalteten Vorplatz und einen angrenzenden Park bietet bei einem Hochhaus einen räumlichen Ausgleich zu der neuen, einen Ort besetzenden Kubatur.

A SPLASH OF COLOUR FOR COMFORT AND WELL-BEING

Professional landscaping of external areas is an essential component of architecture. Landscaping for this project included not just the green spaces directly relevant to the Styria Media Center but also the new park providing a green oasis for the neighbours in this densely built-up area. Graz landscape designer Gertraud Monsberger was responsible for the design and has provided small, tree-sheltered seating areas close to the entrances from the road and laid out a main access route for pedestrians and cyclists. A protected lawn area at the centre of the park is fringed by trees and kept free for games and sport, continuing the former use of the site as a playing field. The planting of individual trees and groupings of shrubs give subtle contours to the site, creating areas for children's playground equipment and seating.

A section of the park has been allocated to the nursery school and is separated by green fencing, providing the children with a green area significantly bigger than the defined playground. Stretching southwards from the building towards and into Obere Bahngasse is a row of trees, planted as an effective measure to combat dust and overheated streets. The forecourt area in front of the main entrance to the building is a smart, unpretentious space with a uniform surface, its urban character enhanced by a fountain. Near the nursery school a row of trees extending to Conrad-von-Hötzendorf-Straße forms a boundary, creating a well-dimensioned external space with benches, covered cycle stands and a small flower bed adding colour to the street area during the warmer months.

Monsberger calls these planted areas "splashes of colour" and positions them on the employees' terrace overlooking the park and on the second-floor terrace. On wooden decking, she has erected bright plastic circular seating around central planters to provide different colour accents. As a counterpart, the greened flat roof is extensively planted in the subtle colours of heather. Affinity with nature is a basic human need and essential for creating an atmosphere of well-being in a building. Here, complementary landscaping, including an adequately dimensioned forecourt and adjacent park, provides open space to offset the new building mass which occupies the site.

1

2

3

4

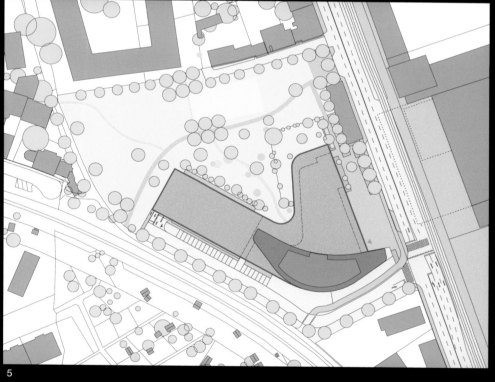

5

```
0    10                    50m
```

1/2/3/4 Blicke in den Park.

5 Der Lageplan des Styria Media Centers und des neu gestalteten öffentlichen Freiraums. Der Park an der
Nordseite des Grundstücks schafft eine distanzierende grüne Zone zwischen der bestehenden Wohnbebauung
und dem neuen Hochhaus. Grünraumgestaltung durch Monsberger Gartenarchitektur, Graz.

1/2/3/4 Views to the park.

5 The site plan of the Styria Media Center and the re-designed public open space. The park on the north side of
the plot creates a green zone which distances the existing residential buildings from the new high-rise block.
Landscape design by Monsberger Gartenarchitektur, Graz.

NACHHALTIGKEIT UND ENERGIEKONZEPT SUSTAINABILITY AND ENERGY CONCEPT

Bei der Errichtung des Styria Media Centers war man konzeptionell nicht nur bemüht, funktional und architektonisch höchste Qualität zu erreichen, sondern auch auf Aspekte der Nachhaltigkeit zu achten. Das Gebäude wurde dahingehend konzipiert, ein Zertifikat nach „LEED – Leadership in Energy and Environmental Design" zu erlangen. Hierfür mussten mehrere Bewertungskategorien herangezogen werden, um den „ökologischen Fußabdruck" des Gebäudes möglichst schmal zu halten.

Der wichtigste Punkt ist die Standortwahl. Ein Grundstück, das möglichst zentral im Stadtgebiet liegt, hat deutliche Vorteile gegenüber einem „auf der grünen Wiese", das für die dort arbeitenden Menschen lange Anfahrtswege bedeutet. Das Styria Media Center ist durch die Straßenbahn und durch den Ostbahnhof an das öffentliche Verkehrsnetz angebunden. Weiters ist es ans Grazer Radwegenetz und an eine Hauptverkehrsader angeschlossen, somit lassen sich für Grazer Mitarbeiter Autofahrten überhaupt vermeiden beziehungsweise man muss, wenn man mit dem Auto kommt, nicht durch Wohngebiete fahren. Die Garage verfügt über eine eigene Ebene als Fahrradgarage und stellt Ladestationen für Elektroautos und E-Bikes zur Verfügung.

Das Grundwasser wurde für eine andere Maßnahme genutzt, die weitere LEED-Punkte bringt: Das Gebäude wird durch eine Wasser-Wasser-Wärmepumpe geheizt und gekühlt und ist an das Fernwärmenetz in Graz angeschlossen. Beides bedeutet, dass keine fossilen Brennstoffe als Energiebringer für das Gebäude benötigt werden. Eine Photovoltaikanlage auf dem Dach der Hochgarage sorgt für einen Teil des Strombedarfs.

Überhaupt wurde auf eine auf Energieeffizienz bedachte Haustechnikplanung geachtet, durch entsprechend sensible Maßnahmen konnte der Gesamtenergiebedarf deutlich reduziert werden. Der außenliegende Sonnenschutz, Dachüberstände und Sonnenschutzverglasung minimieren die Sonneneinstrahlung und somit die erforderliche Leistung der Klimaanlage.

Ein angestrebter schonender Umgang mit Ressourcen wurde nicht nur bei den Baumaterialien bedacht, sondern auch in einem Mülltrennsystem, sowohl in der Bauphase wie auch in der Nutzung des Gebäudes.

In the construction of the Styria Media Center the architects were anxious not only to create a concept of the highest architectural and functional quality, but also to incorporate features compatible with sustainability. They wanted the building to receive LEED ("Leadership in Energy and Environmental Design") certification. To do so, several evaluation criteria were taken into account to minimise the "ecological footprint" of the building.

Most important of all is the choice of site. A central urban location has obvious advantages over one in the open countryside, which would force employees to make long journeys to and from work. The Styria Media Center is well connected by tram and the Ostbahnhof to the public transport system. It is also linked to the network of cycle paths in Graz so employees resident in the city can avoid car journeys altogether or, if they must use the car, they don't have to drive through residential areas. The multi-storey car park also provides suitable parking facilities for cycles and charging stations for electric cars and e-bikes.

The groundwater is also utilised in another measure which earns additional LEED points: the building is heated and cooled by a water-water heat pump and is linked to the heat distribution network in Graz. These two measures mean that no fossil fuels are needed to provide energy for the building. Part of the electricity requirement is supplied by a photovoltaic system on the roof of the car park.

The planning of all the building services was based on energy efficiency and, by taking appropriate measures total energy consumption was able to be considerably reduced. Sun protection measures located outside, including roof overhangs and solar-control glazing, minimise solar radiation and consequently the output required of the air conditioning system is lowered. Conservation of resources was of prime concern in the selection of building materials and in the correct separation of waste both during construction and in the subsequent utilisation of the building.

A further criterion is the preservation and creation of green areas. Thanks to the newly landscaped park with numerous trees and the green planting of the flat roofs a positive contribution has been made to the micro-climate of this area. Provision of large new green spaces also helps to suppress urban overheating in summer.

Ein weiteres Kriterium ist der Erhalt sowie die Schaffung von Grünflächen. Der neu angelegte Park mit zahlreichen Bäumen und die Begrünung der Flachdächer tragen dazu bei, das Kleinklima an diesem Ort positiv zu beeinflussen und eine mögliche Überhitzung im Sommer durch die neu geschaffene, große Kubatur hintanzuhalten.

Zu guter Letzt zählt auch die Nutzerzufriedenheit am Arbeitsplatz, um ein behagliches und gesundheitserhaltendes Umfeld für die Menschen zu schaffen. Dazu tragen ausgesuchte, antiallergene Materialien im Innenausbau, Bedachtnahme auf die Lichthygiene, aber auch die Rauchfreiheit im ganzen Haus bei. Generell soll bei allen Gebäudenutzern die Bewusstseinsbildung für Nachhaltigkeit gesteigert werden und mehr Sensibilität für dieses Thema erreicht werden.

Das Styria Media Center erhielt ein Vorzertifikat in Gold, wird jedoch durch all die beschriebenen Maßnahmen im endgültigen LEED-Zertifikat wohl mit Platin ausgezeichnet werden.

Last but not least, the creation of a comfortable, healthy environment is vital for the happiness and well-being of users in the workplace. To this end, only materials with low VOC (volatile organic compound) content were used for interior finishes; a generous supply of natural light was ensured and the entire building was designated a smoke-free zone. It is generally hoped to raise greater awareness for ecological sustainability amongst all users of the building.

The Styria Media Center has already received precertification in gold but, after all the measures described above, it deserves to be awarded the final LEED certificate in platinum.

FAKTEN UND ZAHLEN
FACTS AND FIGURES

Bruttogeschossfläche inkl. Parkgarage / Gross floor area, incl. parking garage	32.720 m²
Nutzfläche insgesamt / Total usable area	28.420 m²
Nutzfläche Newsroom / Floor area, newsroom	3.200 m²
Nutzfläche Regelgeschoss / Floor area, typical floor	1.170 m²
Arbeitsplätze bei Vollbelegung / Work stations when fully occupied:	1.200
Höhe ca. / Height approx.	60 m
Geschosse oberirdisch / Storeys above ground	15
Stellplätze PKW / Car parking spaces	226
Stellplätze Fahrräder / Cycle parking spaces	185
Gesamtbauzeit / Total construction time	22 Monate / months
Gesamtinvestition ca. / Total investment approx.	60 Mio. Euro / million euros

BETEILIGTE / PROJECT CREDITS
Bauherr / Owner: SMC Graz GmbH
Projektleitung / Project management: GRAWE Immo Holding AG
Generalübernehmer / General contractor: PORR Bau GmbH
Architekt / Architect: Architektur Consult ZT GmbH
Tragwerksplanung / Structural engineering: Thomas Lorenz ZT GmbH
Technische Gebäudeausrüstung / Technical building services: DIE HAUSTECHNIKER Technisches Büro GmbH
Bauphysik / Building physics: Dr. Pfeiler ZT GmbH
Brandschutz / Fire protection: Norbert Rabl ZT GmbH
Freiraumplanung / Landscape design: Monsberger Gartenarchitektur GmbH

ARCHITEKTUR CONSULT ZT GMBH
Projektleiter / Project manager: DI Martin Priehse
Stellvertretende Projektleiterin / Assistant project manager: DI Irena Teodorcevic
Team / Team: DI Constanze Barthel-Riel, DI Michael Böhmisch, DI Kristina Gröbacher,
DI Wolfgang Isopp, Mag. Thomas Siegl, DI Jürgen Ulrych, Hannes Walzl

DIE AUTORIN
THE AUTHOR

JUDITH EIBLMAYR ist Architektin, Architekturpublizistin und Kuratorin. Studium der Architektur an der TU Wien und University of Michigan, Ann Arbor, USA. Langjährige Tätigkeit als Kritikerin für Fachzeitschriften und „Die Presse" zu den Themen Architektur und Städtebau, Kulturgeschichte und Design. Zahlreiche Textbeiträge, Ausstellungen und Publikationen („Der Attersee – Die Kultur der Sommerfrische", gemeinsam mit Erich Bernard u. a., 2008; „Haus Hoch – Das Hochhaus Herrengasse und seine berühmten Bewohner", gemeinsam mit Iris Meder, 2009; „Opera House – Musiktheater Linz", 2013; „Lernen vom Raster – Strasshof an der Nordbahn und seine verborgenen Pläne", 2013). 2015/2016 als Fulbright Guest Lecturer an der University of Minnesota, Minneapolis, USA. Lebt und arbeitet in Wien; www.eiblmayr.at.

JUDITH EIBLMAYR is an architect, architectural journalist and curator. Studied architecture at the Technical University (TU), Vienna, and the University of Michigan, Ann Arbor, USA. Many years of experience as a critic for professional journals and "Die Presse" on subjects related to architecture and urban planning, cultural history and design. Numerous articles, exhibitions and publications ("Der Attersee – Die Kultur der Sommerfrische", together with Erich Bernard et al., 2008; "Haus Hoch – Das Hochhaus Herrengasse und seine berühmten Bewohner", together with Iris Meder, 2009; "Opera House – Musiktheater Linz", 2013; "Lernen vom Raster – Strasshof an der Nordbahn und seine verborgenen Pläne", 2013). 2015/2016 Fulbright Guest Lecturer at the University of Minnesota, Minneapolis, USA. Lives and works in Vienna; www.eiblmayr.at.

Wir bedanken uns für die gute Zusammenarbeit:
We would like to acknowledge our partners:

WWW.STYRIA.COM

WWW.GRAWE.AT

WWW.PORR-GROUP.COM

ALUSOMMER

DORMA Hüppe Austria GmbH
Mobile Raumtrennwandsysteme

THOMAS
LORENZ

ZT GmbH | Graz | Wien

BEYOND SECURITY

DR. PFEILER GmbH

AKUSTIK - BAUPHYSIK - FASSADENTECHNIK
GREEN BUILDING   -   IMMISSIONSSCHUTZ

SCHEYBAL
MATTEN NACH MASS

schmieder stein

GRANIT | MARMOR | TERRAZZO

SilentGliss ®

BILDNACHWEIS
ILLUSTRATION CREDITS

Umschlag Vorder- und Rückseite / Front and back cover,
Seiten / pages 10–11, 17 (1, 2), 24–27, 31–51, 54–71, 73 (1–4):
Franz Ebner, Studio für Fotografie, www.franzebner.at

Umschlagklappe hinten / Back flap,
Seiten / pages 13, 17 (6), 28–29, 53, 73 (5):
Architektur Consult ZT GmbH, www.archconsult.com

Seite / Page 17 (3):
Quelle / Source Gerd Basilius, Graz

Seite / Page 17 (4):
„Radfahr-Chronik, VI/29/1893, 1107"; Quelle / Source Dr. Wolfgang Wehap, Graz

Seite / Page 17 (5):
„Fest-Buch 1895 zum 12. Bundestage des Deutschen Radfahrer-Bundes
zu Graz vom 3.–7. August 1895"; Quelle / Source Dr. Wolfgang Wehap, Graz

Seite / Page 21:
DI Wolfgang Reinisch, www.reinisch.at